NACER DE NUEVO EN CRISTO

Primeros Pasos de Fe con Jesús

STEPHEN E. CANUP

AGRADECIMIENTOS

La mayoría de los capítulos de este libro se han extraído directamente de *Conociendo a Jesús Íntimamente: Una Relación de Obediencia motivada por el Amor y empoderada* por el Espíritu de Stephen E. Canup. Avance de este y otros libros en www.stephencanup.com

Agradezco sinceramente a David Allison su sugerencia de producir este libro. Como amigo y colega ministro de prisiones, su aliento, apoyo y patrocinio son invaluables para mí.

Todo el mundo necesita un mentor espiritual maduro y un socio de confianza en la responsabilidad. Amo y aprecio a Don Castleberry por cumplir este papel para mí. Su confianza, tiempo y compromiso conmigo han sido invaluables. Se ha convertido en uno de mis mejores amigos. Don es el fundador de Freedom in Jesus Prison Ministries. www.fijm.org

Un agradecimiento especial a Chris Manley por el diseño de la portada, la edición y la asistencia en la maquetación y el diseño. Para consultas sobre su trabajo, puede comunicarse con chris@camlargraphics.com.

También se expresa agradecimiento por los servicios de impresión y envío a través de Perfection Press. Para más información, póngase en contacto con Robert Riggs, rriggs@printedtoperfection.com.

TABLA DE CONTENIDOS

INTRODUCCIÓN

No hay coincidencias con Dios, solo milagros para los cuales Dios elige permanecer en el anonimato.

Puesto que este folleto de alguna manera ha encontrado su camino hacia usted, creo que el poder del Espíritu Santo está presente con usted en este mismo momento. Puede ser que recientemente hayas tomado la decisión de seguir a Jesús. O, posiblemente, estás buscando dirección, verdad y significado; y una vez escuchó que Jesús dijo: "Yo soy el camino, la verdad y la vida..." ¿Quizás tienes preguntas sobre algunos de los fundamentos de la fe cristiana?

Cualquiera que sea la razón por la que estás leyendo esto, pídele al Espíritu Santo que te muestre lo que Él quiere que aprendas y hagas con el material que sigue. Él es nuestro Ayudante, Maestro, Consejero, Guía y Amigo. Puedes confiar en Él. Pídele que te dé ojos espirituales y un corazón de discernimiento que te escuche y sea receptivo.

Cuando Nicodemo, un prominente líder y maestro de los judíos, se acercó a Jesús para preguntarle en privado, Jesús le dijo que debía nacer de nuevo para ver y entrar en el Reino de Dios. Sorprendido por esto, Nicodemo preguntó: "¿Cómo puede ser esto?"

¿Nacer de nuevo? ¿Nuevo nacimiento? ¿Cómo puede se resto? Vamos a averiguar...

¿QUÉ ES EL NUEVO NACIMIENTO?

Muchas veces en mi vida antes de rendirme verdaderamente a Jesucristo, en numerosos momentos de problemas, depresión o angustia, oré varias "oraciones de salvación", pero nada cambió realmente. Quería algo diferente, pero nada de lo que intenté funcionó. No me di cuenta de que no podía "cambiarme" a mí mismo. Ahora sé que este "cambio" es una obra de Dios el Espíritu Santo, y que mi responsabilidad era buscarlo con todo mi corazón y estar dispuesta a someterme, rendirme y ser obediente a Sus impresiones. Una vez que lo hice, Él comenzó Su obra para rehacerme en una creación completamente nueva.

Había escuchado el término "nacer de nuevo" pero realmente no lo entendía, y hasta 2009 en una litera de la prisión, ciertamente nunca lo experimenté. ¿Qué es "el nuevo nacimiento" y qué significa ser "nacido del Espíritu"? De la página web de GotQuestions.org, en mayo de 2024, obtuve las siguientes respuestas:

Pregunta: '¿Qué es el nuevo nacimiento?'

Respuesta: Jesús habló sobre el nuevo nacimiento en Su conversación con Nicodemo, un líder judío, en Juan 3. Jesús le dijo: " Respondió Jesús y le dijo: De cierto, de cierto te digo, que el que no naciere de nuevo, no puede ver el reino de Dios". (Juan 3:3). Nicodemo estaba desconcertado y preguntó cómo alguien podía volver a entrar en el vientre de su madre y nacer por segunda vez. Jesús redobló la respuesta: "De cierto, de cierto te digo, que el que no naciere de agua y del Espíritu, no puede entrar en el reino de Dios". (versículo 5). Luego expuso lo que es el nuevo nacimiento.

Jesús explicó que este nuevo nacimiento no es físico, sino espiritual. El nuevo nacimiento que debemos experimentar para 'ver el reino de Dios' es una obra del Espíritu Santo. Al igual que una madre hace todo el trabajo en nacimiento físico, por lo que el Espíritu Santo hace toda la obra en el nuevo nacimiento. Sobre nuestra fe en el poder del salvador de Jesucristo, el Espíritu Santo entra en nuestro espíritu, nos regenera y comienza su obra de transformarnos a la imagen de Cristo (2 Corintios 5:17). Hemos nacido de nuevo.

"Y creó Dios al hombre a su imagen, a imagen de Dios lo creó; varón y hembra los creó" (Génesis 1:27). Pero esa imagen se vio empañada cuando caímos en pecado. Como pecadores, no podemos tener comunión con un Dios santo de la manera en que somos. No podemos ser reparados, restaurados o rehabilitados. Necesitamos renacer.

"En respuesta a las preguntas de Nicodemo sobre el nuevo nacimiento, Jesús comenzó a hablar sobre el viento: 'Respondió Jesús: De cierto, de cierto te digo, que el que no naciere de agua y del Espíritu, no puede entrar en el reino de Dios. Lo que es nacido de la carne, carne es; y lo que es nacido del Espíritu,[a] espíritu es. No te maravilles de que te dije: Os es necesario nacer de nuevo. El viento[b] sopla de donde quiere, y oyes su sonido; mas ni sabes de dónde viene, ni a dónde va; así es todo aquel que es nacido del Espíritu'. (Juan 3:5-8).

"En su analogía del viento en Juan 3:8, Jesús estaba comparando el nacimiento y crecimiento físico con el nacimiento y crecimiento espiritual. Jesús señala que Nicodemo no tiene por qué maravillarse de la necesidad de que el Espíritu haga que uno 'nazca de nuevo'. Naturalmente, Nicodemo creía en otras cosas igual de difíciles de entender, como el viento, que no podía ver. Los efectos del viento son obvios: el sonido se escucha y las cosas se mueven a medida que se mueve. El viento, invisible, impredecible e incontrolable, es misterioso para nosotros, pero vemos y comprendemos sus efectos. Lo mismo sucede con el Espíritu. No vemos al Espíritu, pero vemos los cambios que el Espíritu produce en las personas. Las personas pecadoras son santificadas; los mentirosos dicen la verdad; Los soberbios se vuelven humildes. Cuando vemos tales cambios, sabemos que tienen una causa. El Espíritu nos afecta así como el viento afecta a los árboles, al agua y a las nubes. No vemos la causa, y no entendemos todos los entresijos de cómo funciona, pero vemos el efecto y creemos.

"Cuando un bebé nace, continúa creciendo y cambiando. Un año después, dos años después, diez años después, el niño ha cambiado. No sigue siendo un bebé porque un nacimiento vivo da como resultado el crecimiento. Es posible que No vemos que este crecimiento suceda, pero vemos los cambios que produce. Lo mismo sucede con el nuevo nacimiento. Cuando una persona nace de nuevo en espíritu, nace en la familia de Dios "como niños recién nacidos" (1 Pedro 2:2). Este nacimiento no es visible, pero comienza a producir cambios que son evidentes."

Los siguientes son algunos cambios que resultan del nuevo nacimiento:

"1. El "fruto del Espíritu" (Gálatas 5:22-23). Alguien que ha experimentado el nuevo nacimiento comenzará a exhibir cualidades de carácter que se parecen más a las de Jesús. Esto no sucede de la noche a la mañana, sino que, así como un árbol frutal crece y comienza a producir frutos en temporada, comenzamos a producir rasgos de carácter piadoso como el amor, el gozo, la paz, la paciencia, la amabilidad, la bondad, la fidelidad y el dominio propio. Estos rasgos son el resultado natural de rendirse al Espíritu y pasar tiempo con Dios en Su Palabra, con Su pueblo y en la adoración.

"2. Decisiones piadosas. Los pecados que una vez nos cautivaron comienzan a desaparecer a medida que nos acercamos más a Jesús. Nuestro nuevo nacimiento rompió el poder que el pecado tenía sobre nosotros y nos permite vivir en libertad. Romanos 6 explica que hemos muerto a nuestra antigua forma de vida y somos libres de vivir como fuimos diseñados para vivir. Colosenses 3:5 dice: Haced morir, pues, lo terrenal en vosotros: Fornicacion, impureza, pasiones desordenadas, malos deseos y avaricia que es idolatria". (cf. 1 Pedro 4:1). "Puesto que Cristo ha parecido por nosotros en la carne, vosotros también armaos del mismo pensamiento; pues quien ha padecio en la carne, terminó con el pecado".

"3. Amor a los demás cristianos. Uno de los cambios que produce el nuevo nacimiento es el amor: Amamos porque él nos amó primero. El que dice amar a Dios, pero odia a su hermano o hermana es un mentiroso. Porque el que no ama a su hermano y hermana, a quien ha visto, no puede amar a Dios, a quien no ha visto. Y nos ha dado este mandamiento: Todo el que ama a Dios, que ame también a su hermano y hermana. (1 Juan 4:19-21). Una persona que ha nacido en la familia de Dios anhela la comunión con otros creyentes. Dios no creó un equipo donde los jugadores pueden ser intercambiados. No creó una corporación en la que los empleados puedan ser despedidos. Creó una familia en la que cada miembro es valorado y amado por igual. Como parte de Su familia, los que han nacido de nuevo deben amar y apreciar a los demás miembros de esta familia mundial.

"**4. Dones espirituales.** Una parte del paquete de bienvenida de Dios para aquellos que nacen de Su Espíritu son los dones espirituales que podemos usar para servirle y edificar a la iglesia. Los dones espirituales son habilidades especiales que nos permiten ser más eficaces en los llamamientos particulares que Dios pone en nuestras vidas. A medida que cada miembro usa sus dones para el bien de todos, la familia de Dios prospera.

"Los bebés recién nacidos anhelan la leche y, sin ella, no crecerán. Del mismo modo, los nuevos cristianos anhelan la enseñanza bíblica o no crecerán. Pedro escribió: 'Como niños recién nacidos, anhelen la leche espiritual pura, para que por ella crezcan en su salvación, ahora que han gustado que el Señor es bueno'. El nuevo nacimiento es solo el comienzo de la vida que Dios diseñó para nosotros. También es la única manera en que podemos entrar en la familia de Dios y recibir el privilegio de llamarlo 'Padre' (véanse Mateo 6:9; Romanos 8:15)."

Pregunta:
'¿Qué significa nacer del Espíritu?'

"**Respuesta:** La Biblia usa varias metáforas relacionadas con el nacimiento para ayudar a explicar lo que significa tener una relación salvadora con Jesús. Encontramos términos como naciere de nuevo (Juan 3:3), nacido de Dios (Juan 1:13) y nacido del Espíritu (Juan 3:6). Todos significan lo mismo. Las metáforas del nacimiento se utilizan porque todos entendemos el nacimiento físico. Cuando nace un bebé, una nueva persona emerge al mundo. La nueva vida crecerá y el joven llegará a parecerse a sus padres. Cuando nacemos del Espíritu, una 'nueva persona' llega con una nueva vida espiritual. Y a medida que crecemos, llegamos a parecernos a nuestro Padre en el cielo (Romanos 8:29).

"Las personas tratan de conocer a Dios a través de una variedad de medios: algunos prueban la religión o siguen un código ético; algunos recurren al intelecto o a la lógica; otros tratan de encontrar a Dios en la naturaleza; y otros a través de experiencias emocionales, creyendo que Dios habita en cualquier sentimiento que puedan reunir cuando piensan en Él. Nada de eso nos acerca un paso más a la comunión real con el Dios de la Biblia porque Él no puede ser conocido a través de nuestros códigos morales, nuestras mentes, nuestro entorno o nuestras emociones. Él es Espíritu, y aquellos que quieren adorar deben adorar 'en espíritu y en verdad' (Juan 4:24).

"Imagínate tratando de pintar un retrato con un martillo y clavos o tratando de hornear una comida con lápiz y papel. No ayudaría esforzarse más o llorar por ello porque ambas tareas son imposibles dadas las herramientas mencionadas. Lo mismo sucede con la carne y el Espíritu. No podemos comulgar con un Ser santo e incorpóreo usando medios pecaminosos y carnales. A menos que nuestros espíritus renazcan con vida del Espíritu de Dios, simplemente no tenemos la capacidad de tener comunión con Él. Debemos nacer del Espíritu.

"Dios ha instituido un camino para que los seres humanos caídos entren en Su santa presencia, y es la única manera en que podemos llegar a Él. Jesús le dijo: "Yo soy el camino, y la verdad, y la vida; nadie viene al Padre, sino por mí. 7 Si me conocieseis, también a mi Padre conoceríais; y desde ahora le conocéis, y le habéis visto". (Juan 14:6). Cuando Jesús se ofreció a sí mismo como sacrificio por el pecado (Juan 10:18) y resucitó, abrió una puerta que había sido cerrada con llave. Cuando murió en la cruz, el velo del templo se rasgó en dos, simbolizando el hecho de que Él había hecho un camino para entrar en la presencia de Dios. Dios ha abierto la puerta del cielo para que todo aquel que confía en el sacrificio de Su Hijo pueda nacer de nuevo en su espíritu (Marcos 15:38).

"Cuando ponemos nuestra fe en el Cristo resucitado, se produce una transacción divina (2 Corintios 5:21). Dios quita de nosotros el pecado, la culpa y la condenación que merecemos debido a nuestra rebelión contra Él. Él arroja nuestro pecado tan lejos como está el oriente del occidente (Salmo 103:12). En el momento del arrepentimiento y la fe, el Espíritu Santo insufla nueva vida en nosotros, y nuestros cuerpos se convierten en Su templo (1 Corintios 3:16). Nuestros espíritus ahora pueden comunicarse con el Espíritu de Dios mientras Él nos asegura que le pertenecemos (Romanos 8:16).

"Podríamos pensar en el espíritu humano como un globo desinflado que cuelga sin vida dentro de nuestros corazones. Apenas somos conscientes de su existencia hasta que Dios nos llama por nuestros nombres y comienza un despertar. Cuando respondemos al llamado de Dios con arrepentimiento y fe en lo que Jesucristo ha hecho para nuestra salvación, nacemos del Espíritu. En ese momento el globo se infla. El Espíritu Santo entra en nuestros espíritus y nos llena. Él comienza su obra transformadora para que comencemos a parecernos a Jesús (2 Corintios 5:17; Romanos 8:29).

"Solo hay dos tipos de personas en el mundo: los que nacen del Espíritu y los que no lo son. Al final, solo esas dos categorías (Juan 3:3). Nuestras vidas terrenales son oportunidades extendidas para que respondamos al llamado de Dios y nazcamos del Espíritu (Hebreos 3:15)".

En mi propia experiencia, me sorprendo continuamente de los cambios que el Espíritu Santo está haciendo en mi vida a medida que me santifica progresivamente, conformándome un poco más cada día más a la imagen de Jesús. Me siento abrumado cuando me detengo a considerar cuánto me ama el Padre y anhela tener una relación conmigo. ¡Ser verdaderamente "nacido de nuevo" es lo mejor que me ha pasado!

Algunos pasajes relevantes de las Escrituras

Juan 3:3-9 "Respondió Jesús y le dijo: 'De cierto, de cierto te digo, que el que no naciere de nuevo, no puede ver el reino de Dios'. Nicodemo le dijo: '¿Cómo puede un hombre nacer siendo viejo? ¿Puede acaso entrar por segunda vez en el vientre de su madre, y nacer?' Respondió Jesús: 'De cierto, de cierto te digo, que el que no naciere de agua y del Espíritu, no puede entrar en el reino de Dios. Lo que es nacido de la carne, carne es; y lo que es nacido del Espíritu,[a] espíritu es'. No te maravilles de que te dije: 'Os es necesario nacer de nuevo'. El viento[b] sopla de donde quiere, y oyes su sonido; mas ni sabes de dónde viene, ni a dónde va; así es todo aquel que es nacido del Espíritu'. Respondió Nicodemo y le dijo: '¿Cómo puede hacerse esto?'"

2 Corintios 5:17 "De modo que si alguno está en Cristo, nueva criatura es; las cosas viejas pasaron; he aquí todas son hechas nuevas".

1 Pedro 2:2-3 "desead, como niños recién nacidos, la leche espiritual no adulterada, para que por ella crezcáis para salvación, si es que habéis gustado la benignidad del Señor".

Gálatas 5:22-23 "Mas el fruto del Espíritu es amor, gozo, paz, paciencia, benignidad, bondad, fe, mansedumbre, templanza; contra tales cosas no hay ley".

1 Juan 4:19-21 "Nosotros le amamos a él, porque él nos amó primero. Si alguno dice: Yo amo a Dios, y aborrece a su hermano, es mentiroso. Pues el que no ama a su hermano a quien ha visto, ¿cómo puede amar a Dios a quien no ha visto? Y nosotros tenemos este mandamiento de él: El que ama a Dios, ame también a su hermano".

Romanos 8:15 "Pues no habéis recibido el espíritu de esclavitud para estar otra vez en temor, sino que habéis recibido el espíritu de adopción, por el cual clamamos: ¡Abba, Padre!'"

Juan 1:12-13 "Mas a todos los que le recibieron, a los que creen en su nombre, les dio potestad de ser hechos hijos de Dios; los cuales no son engendrados de sangre, ni de voluntad de carne, ni de voluntad de varón, sino de Dios".

Romanos 8:29 "Porque a los que antes conoció, también los predestinó para que fuesen hechos conformes a la imagen de su Hijo, para que él sea el primogénito entre muchos hermanos".

Juan 14:6 "Jesús le dijo: 'Yo soy el camino, y la verdad, y la vida; nadie viene al Padre, sino por mí.'"

Juan 4:24 "Dios es Espíritu; y los que le adoran, en espíritu y en verdad es necesario que adoren".

2 Corintios 5:21 "Al que no conoció pecado, por nosotros lo hizo pecado, para que nosotros fuésemos hechos justicia de Dios en él".

Lo más destacado de la comida para llevar

Todos nacemos con una naturaleza pecaminosa que nos separa de nuestro Creador. Fuimos diseñados a Su propia imagen (Génesis 1:27), pero esa imagen se vio empañada cuando caímos en pecado. Como pecadores, no podemos tener comunión con un Dios santo de la manera en que somos. No podemos ser reparados, restaurados o rehabilitados. Necesitamos renacer.

Aplicación práctica

Dedica unos minutos a pensar que realmente es posible tener un comienzo totalmente nuevo en la vida. Todo tu pasado puede ser borrado. Las viejas heridas se pueden curar. Los pecados pueden ser perdonados.

La verdadera intimidad de la relación comienza cuando creemos y recibimos la increíble gracia del perdón de Dios por todos nuestros pecados. Parece casi demasiado bueno para ser verdad.

Aprendamos más sobre esta increíble verdad...

EL PERDÓN DE DIOS HACIA NOSOTROS

Nuestra relación con Dios comienza cuando creemos, nos arrepentimos de verdad, recibimos el perdón de Dios y luego nos alejamos de nuestra antigua forma de vida. ¡Seguramente, todos nosotros sabemos que necesitamos mucho perdón! ¿Amén?

Fui salvado cuando era niño en una iglesia bautista a la que asistía mi familia. Sin embargo, durante la mayor parte de mi vida no asistí a la iglesia ni hice ningún intento serio de seguir a Jesús. Si alguna vez has leído mi testimonio, recordarás que pequé más y más, me entregué a muchas adicciones y caí en la depravación después de que Dios me entregó a mis propios deseos y reprobación. Yo era culpable de casi todo lo que Pablo describe acerca de esta condición en Romanos 1:21-32. Finalmente, mi pecado me llevó a la cárcel con una sentencia de seis años.

Después de haber estado en un estado emocional y mental de depresión severa y frecuentemente suicida durante años, creí durante mucho tiempo en la mentira del enemigo de que no había esperanza de que algo mejorara. Además, creí su mentira de que había ido demasiado lejos y había hecho demasiado para que Dios me perdonara. Me invadió la culpa, el arrepentimiento, el remordimiento y la vergüenza. ¿Te has sentido así?

En su folleto sobre "El perdón de Dios", RBC Ministries dice: "Si creemos en nuestras emociones, podemos sentir que hemos ido demasiado lejos. Nuestro autodesprecio parece merecido. Pero hay esperanza. Dios quiere que creamos en su capacidad para perdonar pecados que no podemos olvidar. Dios está enojado con el pecado, pero Su ira no es una negación de Su amor... La verdad es que Su amor es igual a Su ira, y debido a Su amor encontró una manera de mostrar misericordia. Él envió a Su Hijo Jesús.

"La justicia de Dios, que exigía el castigo para los pecadores, fue satisfecha por Jesús. El pago por nuestro pecado vino a expensas del Cielo... Dios construyó un puente de dos carriles de misericordia y justicia sobre el abismo de pecado que nos separa a nosotros y a Él. Cuando Jesús fue crucificado, Dios aceptó el sacrificio como pago suficiente por nuestro pecado. La justicia quedó satisfecha... Tres días después, Cristo resucitó corporalmente de entre los muertos. Por el milagro de la resurrección, mostró la aceptación del Cielo de su sacrificio.

"Nuestro pecado fue perdonado. Nuestra culpa fue removida. ¡Por un hombre, de una vez por todos! Debido al alcance ilimitado de la muerte de Cristo en la cruz, hemos recibido el perdón no solo por los pecados pasados, sino por todos los pecados: pasados, presentes y futuros. En el momento en que confiamos en Cristo como Salvador, se nos da inmunidad contra el castigo. El asunto está zanjado: nuestro caso está cerrado y Dios no volverá a abrir los archivos de nuestra culpa. Así como los tribunales de la tierra honran el principio de la doble incriminación, el cielo no juzgará dos veces a aquellos cuyos pecados han sido castigados en Cristo. No seremos juzgados de nuevo por los pecados que Él llevó en nuestro lugar.

"Jesús fue hecho por el Padre para ser pecado con nuestra pecaminosidad, para que pudiéramos ser hechos justos con Su justicia. ¡Qué hermoso intercambio (2 Corintios 5:21)! Dios declara justos a todos aquellos que apelan a la muerte de Cristo como pago por su pecado. Ningún pecado está excluido. Somos salvos solo por la fe en Cristo. No hay nada en todo el universo más poderoso que la Sangre de Jesús que quita nuestro pecado. Cuando no negamos el Espíritu, y por lo tanto aceptamos por fe lo que Jesús hizo por nosotros, no hay pecado (ni pecador) más allá del amor y el perdón de Dios.

"En un artículo titulado 'El Perdón de Nuestros Pecados', el Dr. Charles Stanley escribió: 'Basándome en la autoridad de la Biblia, puedo decirte sin reservas que Dios te ama, y perdona a todos los que confían en Cristo como Salvador. La Escritura dice:

• Con Su sangre, Jesús pagó toda nuestra deuda de pecado y obtuvo nuestro perdón completo (Mateo 26:28). Todos los pecados, sin excepción, están cubiertos (Colosenses 2:13-14).

• El perdón se da a todos los que creen en Jesús (Hechos 10:43) y permanece disponible para todos los creyentes (1 Juan 1:9).

• Nuestro perdón por el pecado se basa en las riquezas de la gracia de nuestro Padre, que siempre excede la ofensa (Efesios 1:7; Romanos 5:20).

• Dios no cuenta los pecados pasados, presentes o futuros contra nosotros (Romanos 8:1; 2 Corintios 5:19).

"Para reconciliarnos consigo mismo, Dios envió a su Hijo a morir en nuestro lugar. Él aceptó el sacrificio de Cristo como pago completo por nuestras transgresiones. Él ofrece el perdón únicamente sobre la base de nuestra relación con Jesús, no sobre la base de nuestro comportamiento. Debido a nuestra fe en la obra completa de Cristo en la cruz, podemos estar seguros de que hemos recibido y continuaremos recibiendo Su divina misericordia.

"Las Escrituras nos aseguran que ninguna transgresión está más allá del alcance del perdón de Dios. Esto no es licencia para pecar, ¡ni mucho menos! En cambio, el perdón divino debería motivar una pasión por la santidad. Si estás luchando por aceptar el perdón de Dios, vuelve a leer los versículos anteriores y sé agradecido por un regalo tan grande."

La Biblia está llena de declaraciones de amor y perdón de Dios. Tus pecados no están excluidos. Esto fue una gran realización para mí. Sabía que podía empezar de nuevo. ¡Encontré la esperanza presente y eterna, y la libertad, en Jesús! Recibe el perdón de Dios.

Algunos pasajes relevantes de las Escrituras

I Juan 1:9 "Si confesamos nuestros pecados, Dios, que es fiel y justo, nos los perdonará y nos limpiará de toda maldad".

II Crónicas 7:14 "Si se humillare mi pueblo, sobre el cual mi nombre es invocado, y oraren, y buscaren mi rostro, y se convirtieren de sus malos caminos; entonces yo oiré desde los cielos, y perdonaré sus pecados, y sanaré su tierra".

Colosenses 2:13 "Y a vosotros, estando muertos en pecados y en la incircuncisión de vuestra carne, os dio vida juntamente con él, perdonándoos todos los pecados...".

Salmo 103:11-12 "Porque como la altura de los cielos sobre la tierra, Engrandeció su misericordia sobre los que le temen. Cuanto está lejos el oriente del occidente, Hizo alejar de nosotros nuestras rebeliones".

Miqueas 7:18-19 "¿Qué Dios como tú, que perdona la maldad, y olvida el pecado del remanente de su heredad? No retuvo para siempre su enojo, porque se deleita en misericordia. Él volverá a tener misericordia de nosotros; sepultará nuestras iniquidades, y echará en lo profundo del mar todos nuestros pecados".

Salmo 32:1-5 "Bienaventurado aquel cuya transgresión ha sido perdonada, y cubierto su pecado. Bienaventurado el hombre a quien Jehová no culpa de iniquidad, Y en cuyo espíritu no hay engaño.

Mientras callé, se envejecieron mis huesos En mi gemir todo el día.

Porque de día y de noche se agravó sobre mí tu mano; Se volvió mi verdor en sequedades de verano. Selah Mi pecado te declaré, y no encubrí mi iniquidad. Dije: Confesaré mis transgresiones a Jehová; Y tú perdonaste la maldad de mi pecado. Selah"

Otros pasajes: Juan 3:16; Salmos 130:3-4; Salmos 86:5; Proverbios 28:13; Jeremías 31:34; Isaías 44:22; Isaías 55:6-7.

Lo más destacado de la comida para llevar

La Biblia está llena de declaraciones de amor y perdón de Dios. Tus pecados no están excluidos. Nuestra relación con Dios comienza cuando creemos y recibimos el perdón de Dios hacia nosotros, y verdaderamente nos arrepentimos al apartarnos de nuestra antigua forma de vida.

Aplicación práctica

Piense en la cantidad de ejemplos que se proporcionan en la Biblia de pecadores que Dios perdonó. ¿A veces te preguntas si Dios realmente puede perdonarte y utilizarte? Mira lo que hizo por los demás:

Adán y Eva - Los primeros humanos en pecar también se convirtieron en los primeros en experimentar el perdón de Dios (Génesis 3).

Moisés - Aunque asesinó a un egipcio con ira, Dios lo eligió para liberar a su pueblo de la esclavitud, para llevarlos a la tierra prometida, para pasar tiempo personalmente en la presencia de Dios y para ser conocido como un "amigo de Dios" (Éxodo 2,3,33,34).

Aarón - Aunque estuvo involucrado en la fabricación de un becerro de oro, Aarón más tarde fue cabeza del sacerdocio (Éxodo 32; Levítico 8).

Aarón y Miriam - Cuando se opusieron a la autoridad dada por Dios a Moisés, Miriam fue enferma de lepra. Pero confesaron y fueron perdonados y purificados (Núm. 12).

Elifaz, Bildad, Zofar - estos hombres acusaron falsamente a Job y tergiversaron a Dios, pero fueron perdonados (Job 42).

Rahab - Esta prostituta de Jericó se volvió al Señor de Israel y se convirtió en parte del árbol genealógico de Jesús (Josué 2; Mateo 1:5).

David - Aunque era culpable de asesinato y adulterio, David se arrepintió y confesó su pecado. Se hablaba de él como de un hombre conforme al corazón de Dios (II Sam. 11-12; Sal. 51).

Mateo - Este recaudador de impuestos con mala reputación se convirtió en discípulo de Cristo (Mateo 9:9-13).

Un criminal - Cuando clamó a Jesús en la cruz, este ladrón fue bienvenido en el paraíso (Lc. 23:40-43).

Pedro - Aunque negó a Cristo tres veces, Pedro se convirtió en un pilar en la iglesia (Mc. 14:66-72; Jn. 21:15-19).

Una mujer sorprendida en adulterio - Sus acusadores se echaron atrás y Cristo perdonó sus pecados (Juan 8:1-11).

Pablo - Asesino de cristianos y confeso "jefe de pecadores". Pablo es un excelente ejemplo de la gracia de Dios (Hechos 9; I Timoteo 1:15).

Creyentes corintios - Una vez fueron idólatras, adúlteros, homosexuales, ladrones, avaros, calumniadores y estafadores, pero luego experimentaron el perdón de Dios (I Corintios 6:9-11).

Dedique unos minutos a releer estos ejemplos. Dios todavía puede utilizarte. Él tiene un plan para tu vida. ¡¡Lo que Él hizo por los demás, lo hará por ti!!

Una relación íntima con Jesús comienza en el momento en que realmente nos arrepentimos, nos rendimos, creemos en el Evangelio y nacemos de nuevo. ¿Alguna vez te has arrepentido verdaderamente y te has apartado de tu estilo de vida de pecado?

VERDADERO ARREPENTIMIENTO

La Biblia es muy clara en que el verdadero arrepentimiento es necesario para la salvación efectiva. Hay muchas escrituras, tanto en el Antiguo como en el Nuevo Testamento, que enfatizan la importancia del verdadero arrepentimiento. La Biblia dice: "Arrepentíos y creed en el Evangelio"; "Arrepentíos y sed salvos"; y: "Arrepentíos y sed bautizados". ¿Estás seguro de que has llegado a la salvación por medio del verdadero arrepentimiento?

La decisión de aceptar a Jesús como Salvador no es efectiva si no conduce a un cambio de dirección: alejarse del pecado y acercarse a Dios. El arrepentimiento no es una emoción, por ejemplo, no es el sentimiento de "Lo siento" o "Me siento mal por lo que he hecho", sino que es una decisión. Es como decidir hacer un "cambio de sentido" en una autopista. A continuación, se dirige en la dirección opuesta a la que iba. Alguien en verdadero arrepentimiento no solo dice "Lamento haber hecho eso"; también vivirán una vida diferente, demostrando una nueva mentalidad de "no lo volveré a hacer".

Las palabras griegas traducidas como "arrepentimiento" en el Nuevo Testamento significan "pensar de manera diferente", "revertir una decisión", "cambiar de opinión", "cambiar de un camino intencionado" y cambiar "actitudes, pensamientos y comportamientos con respecto a las demandas de Dios para una vida correcta".

Hay más de 70 pasajes de las Escrituras sobre el arrepentimiento. Algunos de ellos incluyen: Salmo 51:17; Mateo 3:1-2, 11; Mateo 4:17; Marcos 1:4, 14-15; Marcos 6:12; Lucas 5:32; Lucas 15:7; Hechos 2:38; Hechos 3:19; Hechos 11:18; II Corintios 7:9-10; II Timoteo 2:25; II Pedro 3:9; y, Apocalipsis 3:19.

El verdadero arrepentimiento no es solo un cambio de mentalidad. Es también un cambio de actitud y de corazón. Implica una tristeza y un arrepentimiento piadosos a causa de pecado personal, y resulta en una ruptura radical con el pecado. J.C. Ryle dijo: "El comienzo del camino al Cielo es sentir que estamos en el camino al infierno". El Dr. Charles Stanley dijo: "Un hombre o una mujer que no se arrepiente no es condenado por Dios (al infierno), sino que ha elegido permanecer en compañía de todos aquellos condenados por su propia voluntad".

En el Antiguo Testamento, Salmo 51, David nos da un gran ejemplo de una actitud de verdadero arrepentimiento. Tiene un "espíritu quebrantado y un corazón contrito" (Salmo 51:17) por sus acciones de adulterio y asesinato en torno a su relación con Betsabé. David sabía que no podía acercarse a Dios con su propia justicia; más bien, se acercó a Dios con un corazón quebrantado y un espíritu dispuesto a cambiar. Lydia Reimer escribe: "El arrepentimiento derriba el muro de separación que se interpone entre nosotros y Dios. Nos prepara para su presencia". Asegúrese de leer todo el Salmo 51 cuidadosamente para obtener una comprensión más completa del enfoque ejemplar de David hacia el arrepentimiento.

La parábola sobre el hijo pródigo en Lucas 15:11–24, es una de las mejores enseñanzas de Jesús que ilustra el tipo de arrepentimiento que se necesita para volver a casa con el Padre. El "cambio de sentido" ocurre en el versículo 17 donde dice "volvió en sí". Tomó la decisión de dar la vuelta e irse a casa. Luego tomó acción levantándose de su desorden y yendo por el camino de regreso a casa, en una dirección diferente a la que había tomado cuando había salido de casa antes, cuando "se fue a una tierra lejana y allí derrochó sus riquezas en una vida desenfrenada" (Lucas 15:13).

El maestro de la Biblia R.B. Thieme, Jr. escribe: "¿Qué significa volver en ti mismo? Significa mirar la vida desde la perspectiva bíblica: afrontar la situación tal como realmente existe; reconocer los pecados en tu propia vida; dejar de racionalizar o justificar sus pecados; que dejes de culpar a Dios o a otra persona y que realmente reconozcas tu pecado, que reconozcas que estás equivocado y que eres contrario a la Palabra de Dios".

En Mero cristianismo, el autor C.S. Lewis describe el "agujero" en el que nos encontramos antes de entrar en razón como el hijo pródigo. "Ahora,

¿en qué clase de 'hoyo' se había metido? Había tratado de establecerse por su cuenta, de comportarse como si perteneciera a sí mismo.

En otras palabras, el hombre caído no es simplemente una criatura imperfecta que necesita mejorar: es un rebelde que debe deponer las armas. Deponer las armas, rendirse, decir que lo sientes, darte cuenta de que has estado en el camino equivocado y prepararte para comenzar la vida de nuevo desde la planta baja, esa es la única manera de salir de nuestro 'agujero'. Este proceso de rendición, este movimiento a toda velocidad hacia la popa (en la dirección opuesta), es lo que los cristianos llaman arrepentimiento".

En resumen, el "verdadero arrepentimiento" implica un verdadero cambio de corazón, que conduce a un cambio completo de mente, que a su vez conduce a un cambio de dirección: lejos del pecado y hacia el Padre. Es como hacer un giro en U cuando vas en sentido contrario por una calle de un solo sentido. Te das cuenta en tu mente de que vas por el camino equivocado, y tienes un cambio de opinión que te hace querer dar la vuelta por completo para ir en la dirección opuesta pero correcta. Habrá evidencia visible del cambio, y decidirás no dar marcha atrás por el camino equivocado.

En nuestra nueva dirección, si tropezamos temporalmente, no dejamos que las mentiras del enemigo nos convenzan de volver permanentemente a nuestra antigua dirección. En cambio, confesamos rápidamente nuestro pecado (1 Juan 1:9), y permitimos que el Espíritu Santo nos dé poder y nos anime a levantarnos y continuar en el camino correcto hacia el Padre. El verdadero arrepentimiento tiene evidencia de un cambio permanente de dirección y de una vida significativamente cambiada.

Si alguna vez hiciste una oración de salvación antes, pero nada cambió en la dirección de tu vida, te sugiero firmemente que no te arrepentiste. ¡Si no te arrepentías, no eras salvo! Dios escuchó tus palabras, pero leyó tu corazón. Si no estabas listo para apartarte de tu antigua forma de vida y hacer todo lo posible por seguir a Jesús, entonces no eres arrepentido. En tu mente puedes haber deseado los beneficios de la salvación, pero en tu corazón no estabas realmente dispuesto a permitir que Jesús fuera el Señor de tu vida.

¿Ha cambiado tu dirección el verdadero arrepentimiento? ¿Has hecho un "cambio de sentido"? Si no es así, por favor "corran a Dios con arrepentimiento en una mano y alabanza en la otra" (Tommy Tenney). ¡¡Al igual que yo, te alegrarás de haberlo hecho!!

Algunos pasajes relevantes de las Escrituras

Isaías 30:15 "Porque así dijo Jehová el Señor, el Santo de Israel: En descanso y en reposo seréis salvos; en quietud y en confianza será vuestra fortaleza".

Hechos 3:19 "Así que, arrepentíos y convertíos, para que sean borrados vuestros pecados; para que vengan de la presencia del Señor tiempos de refrigerio...".

Romanos 2:4 "¿O menosprecias las riquezas de su benignidad, paciencia y longanimidad, ignorando que su benignidad te guía al arrepentimiento?"

Santiago 4:8 "Acercaos a Dios, y él se acercará a vosotros. Pecadores, limpiad las manos; y vosotros los de doble ánimo, purificad vuestros corazones".

1 Juan 1:9 "Si confesamos nuestros pecados, él es fiel y justo para perdonar nuestros pecados, y limpiarnos de toda maldad".

Lucas 5:32 "No he venido a llamar a justos, sino a pecadores al arrepentimiento".

Lucas 15:7 "Os digo que así habrá más gozo en el cielo por un pecador que se arrepiente, que por noventa y nueve justos que no necesitan de arrepentimiento".

Lucas 24:47 "y que se predicase en su nombre el arrepentimiento y el perdón de pecados en todas las naciones, comenzando desde Jerusalén".

2 Corintios 7:9-10 "Ahora me gozo, no porque hayáis sido contristados, sino porque fuisteis contristados para arrepentimiento; porque habéis sido contristados según Dios, para que ninguna pérdida padecieseis por nuestra parte. Porque la tristeza que es según Dios produce arrepentimiento para salvación, de que no hay que arrepentirse; pero la tristeza del mundo produce Muerte".

2 Pedro 3:9 "El Señor no retarda su promesa, según algunos la tienen por tardanza, sino que es paciente para con nosotros, no queriendo que ninguno perezca, sino que todos procedan al arrepentimiento".

Marcos 1:15 "El tiempo se ha cumplido, y el reino de Dios se ha acercado; arrepentíos, y creed en el evangelio".

Ezequiel 18:21-22 "Mas el impío, si se apartare de todos sus pecados que hizo, y guardare todos mis estatutos e hiciere según el derecho y la justicia, de cierto vivirá; no morirá. Todas las transgresiones que cometió, no le serán recordadas; en su justicia que hizo vivirá".

Lo más destacado de la comida para llevar

El verdadero arrepentimiento implica un verdadero cambio de corazón, que conduce a un cambio completo de mente, que a su vez conduce a un cambio de dirección: lejos del pecado y hacia el Padre. En nuestra nueva dirección, si tropezamos temporalmente, no dejamos que las mentiras del enemigo nos convenzan de volver permanentemente a nuestra antigua dirección. En cambio, confesamos rápidamente nuestro pecado (1 Juan 1:9), y permitimos que el Espíritu Santo nos dé poder y nos anime a levantarnos y continuar en el camino correcto hacia el Padre. El verdadero arrepentimiento resulta en un cambio permanente de dirección, y en una vida significativamente cambiada.

Aplicación práctica

Tómate un tiempo de quietud para considerar si realmente te has arrepentido de tus viejas costumbres. ¿Estás cooperando con el Espíritu Santo mientras Él te guía diariamente por el camino correcto? ¿Hubo alguna vez un momento en el que realmente te entristeciste por tu pecado y se lo contaste a Dios? ¿Cambiaste tu dirección lejos del pecado para caminar decididamente hacia Dios? Cuando tropiezas, ¿te levantas rápidamente, te arrepientes y sigues yendo en la dirección correcta?

Una relación íntima con Jesús comienza en el momento en que realmente nos arrepentimos, nos rendimos, creemos en el Evangelio y nacemos de nuevo. ¿Has creído en el Evangelio de Jesucristo y has nacido de nuevo?

EL EVANGELIO DE JESUCRISTO

El apóstol Pablo, en Romanos 1:16, escribió: "Porque no me avergüenzo del evangelio, porque es el poder de Dios que trae salvación a todo aquel que cree: primero al judío, luego al gentil".

Pero, ¿qué es exactamente el evangelio al que se refiere Pablo?

Es el Evangelio de Jesucristo. Encontré un buen resumen en www. GotQuestions.org los cuales presento aquí en los siguientes cinco párrafos:

"La palabra evangelio significa 'buenas noticias', por lo que el evangelio de Cristo es la buena noticia de Su venida para proporcionar el perdón de los pecados a todos los que crean (Colosenses 1:14; Romanos 10:9). Desde el primer pecado del hombre, la humanidad ha estado bajo la condenación de Dios (Romanos 5:12). Debido a que todos quebrantan la ley perfecta de Dios al cometer pecados, todos son culpables (Romanos 3:23). El castigo por el crimen del pecado es la muerte física (Romanos 6:23) y luego una eternidad en un lugar de castigo (Apocalipsis 20:15; Mateo 25:46). Esta separación eterna de Dios también se llama la "muerte segunda" (Apocalipsis 20:14-15).

"Las malas noticias de que todos son culpables de pecado y condenados por Dios son contrarrestadas por el evangelio, las buenas nuevas de Jesucristo. Dios, debido a Su amor por el mundo, ha hecho un camino para que el hombre sea perdonado de sus pecados (Juan 3:16). Él envió a Su Hijo, Jesucristo, para tomar los pecados de la humanidad sobre sí mismo a través de la muerte en una cruz (1 Pedro 2:24). Al poner nuestro pecado sobre Cristo, Dios se aseguró de que todos los que creyeran en el nombre de Jesús fueran perdonados (Hechos 10:43). La resurrección de Jesús garantiza la justificación de todos los que creen (Romanos 4:25).

"La Biblia especifica el contenido del mensaje evangélico: 'Ahora, hermanos y hermanas, quiero recordarles el evangelio que les prediqué, que recibiste y sobre la cual te has posicionado. Por este evangelio sois salvos, si os aferráis firmemente a la palabra que os prediqué. De lo contrario, has creído en vano. Porque lo que recibí os lo transmití como de primera importancia: que Cristo murió por nuestros pecados, según las Escrituras, que fue sepultado, que resucitó al tercer día, según las Escrituras, y que se apareció a Cefas, y luego a los Doce. Después de eso, se apareció a más de quinientos hermanos y hermanas al mismo tiempo' (1 Corintios 15:1-6). En este pasaje, Pablo enfatiza la primacía del evangelio: es de 'primera importancia'. El mensaje del evangelio contiene dos hechos históricos, ambos respaldados por las Escrituras: la muerte de Cristo y su resurrección. Ambos hechos son reforzados por otras pruebas: la muerte de Cristo es probada por Su sepultura, y Su resurrección es probada por los testigos oculares.

"El evangelio de Jesucristo es la buena noticia de que Dios proveyó el camino para que el hombre fuera liberado de la pena del pecado (Juan 14:6; Romanos 6:23). Todos mueren físicamente, pero a los que creen en Jesucristo se les promete una resurrección física a la vida eterna (Juan 11:23-26). Aquellos que rechazan a Cristo no solo morirán físicamente, sino que sufrirán una 'segunda muerte', que la Biblia describe como un lago de fuego eterno (Apocalipsis 20:13-14). Jesús es el único en quien se puede encontrar la salvación (Hechos 4:12).

"El evangelio de Jesucristo es la mejor noticia que alguien jamás escuchará, y lo que una persona haga con estas noticias determinará dónde pasará la eternidad. Dios te está llamando a elegir la vida. Invoca el nombre del Señor y sé salvo (Romanos 10:13)".

De un tratado, "¿Qué es el Evangelio?", Greg Gilbert explica en los siguientes tres párrafos cuál debe ser nuestra respuesta al escuchar el Evangelio.

"¿Qué espera Dios que hagamos con la información de que Jesús murió en nuestro lugar para que podamos ser salvos de la justa ira de Dios contra nuestros pecados? Él espera que respondamos con arrepentimiento y fe.

"Arrepentirnos de nuestros pecados significa apartarnos de nuestra rebelión contra Dios. El arrepentimiento no significa que vamos a poner fin de inmediato a nuestra pecador. Sin embargo, sí significa que nunca volveremos a vivir en paz con nuestros pecados.

"No solo eso, sino que también nos volvemos a Dios con fe. La fe es confianza. Es una confianza basada en la promesa en Jesús resucitado para salvarte de tus pecados. Si Dios alguna vez nos considera justos, tendrá que hacerlo sobre la base del historial de otra persona, alguien que esté calificado para ser nuestro sustituto. Y eso es lo que sucede cuando una persona es salvada por Jesús: Todos nuestros pecados son acreditados a Jesús, quien tomó el castigo por ellos, y la perfecta justicia de Jesús es entonces acreditada a nosotros cuando ponemos nuestra confianza en lo que él ha hecho por nosotros. Eso es lo que significa la fe: confiar en Jesús, confiar solo en él para estar en nuestro lugar y ganar un veredicto justo de Dios".

Debido a los tiempos, es muy importante que aquellos de nosotros que somos verdaderos creyentes dejemos que nuestras luces brillen en medio de una oscuridad cada vez mayor. Debemos ser sal que aromatiza y conserva. A medida que aumenta el caos, nuestra paz, calma y gozo en medio de la tormenta atraerán a los incrédulos a acercarse a nosotros y preguntar cómo pueden tener lo que nosotros poseemos en Cristo Jesús. Deja que la realidad y la sinceridad de tu fe genuina sean evidentes para todos en la forma en que vives diariamente. Los hechos hablan más que mil palabras.

El propósito de conocer el Evangelio de Jesucristo es para que estés mejor equipado con las herramientas que necesitas para explicar tu vida eterna y tu esperanza en Jesús a los demás. También debe solidificar tu confianza en tu propia salvación a medida que te tomas el tiempo para meditar en la Palabra de Dios, y especialmente en el amor incondicional y eterno del Padre hacia ti. ¡El Evangelio es más de lo que la mayoría de nosotros nos damos cuenta! Los siguientes pasajes de las Escrituras han sido seleccionados para mostrarle a usted y a los demás la magnificencia y la maravilla de Su completa salvación, disponible para aquellos que verdaderamente creen, reciben y se arrepienten.

Te animo a que leas este capítulo con frecuencia para que puedas usarlo para ayudar y animar a otros cuando acudan a ti. Estamos entrando en los tiempos en que Jesús dijo: "El corazón de los hombres les sería desfallecer por temor de mirar las cosas que vendrían sobre la tierra". Debemos "trabajar mientras es de día, porque viene la noche y nadie puede trabajar". Tus oraciones se volverán cada vez más poderosas a medida que estudies y creas en la Palabra de Dios. Mantente sometido y rendido diariamente al Señorío de Jesús y al Liderazgo del Espíritu Santo.

Permítanme animarlos a que se den cuenta de la excelente oportunidad que Dios les ha dado para tener un impacto positivo en el Reino durante los próximos días. Tú eres el Embajador de Dios. Pídele a Dios más valentía para hablar la Palabra de Dios (Hechos 4:27-31; 5:41-42).

Oro para que usted personalmente vuelva a dedicar su vida a ir "todo adentro y todo fuera" por Jesús. Pídele al Espíritu Santo que te aparte del mundo y te haga cada día más santo. Decídete a hacer lo mejor que puedas para ser obediente en todas las áreas de tu vida, y arrepiéntete rápidamente si caes. Este no es en absoluto el momento de ser "tibio", "indeciso" o "jugar con Dios".

Algunos pasajes relevantes de las Escrituras

Como verdaderos seguidores de Jesucristo, siempre debemos estar preparados para responder cuando alguien nos pregunte sobre nuestra fe en Cristo Jesús, o tal vez quieran saber sobre nuestra paz, calma y alegría en medio de los días locos y oscuros que nuestro mundo está experimentando. He aquí una serie de pasajes de las Escrituras que, cuando se consideran en conjunto, dan una imagen clara de las Buenas Nuevas del Evangelio de Jesucristo:

1 Pedro 3:15-16 "sino santificad a Dios el Señor en vuestros corazones, y estad siempre preparados para presentar defensa con mansedumbre y reverencia ante todo el que os demande razón de la esperanza que hay en vosotros; 16 teniendo buena conciencia, para que en lo que murmuran de vosotros como de malhechores, sean avergonzados los que calumnian vuestra buena conducta en Cristo".

Juan 3:16-17 "Porque de tal manera amó Dios al mundo, que ha dado a su Hijo unigénito, para que todo aquel que en él cree, no se pierda, mas tenga vida eterna. 17 Porque no envió Dios a su Hijo al mundo para condenar al mundo, sino para que el mundo sea salvo por él".

1 Corintios 15:1-8 "Además os declaro, hermanos, el evangelio que os he predicado, el cual también recibisteis, en el cual también perseveráis; 2 por el cual asimismo, si retenéis la palabra que os he predicado, sois salvos, si no creísteis en vano.

"Porque primeramente os he enseñado lo que asimismo recibí: Que Cristo murió por nuestros pecados, conforme a las Escrituras; y que fue sepultado, y que resucitó al tercer día, conforme a las Escrituras; y que apareció a Cefas, y después a los doce. Después apareció a más de quinientos hermanos a la vez, de los cuales muchos viven aún, y otros ya duermen. Después apareció a Jacobo; después a todos los apóstoles; y al último de todos, como a un abortivo, me apareció a mí".

Colosenses 1:15-23 "Él es la imagen del Dios invisible, el primogénito de toda creación. Porque en él fueron creadas todas las cosas, las que hay en los cielos y las que hay en la tierra, visibles e invisibles; sean tronos, sean dominios, sean principados, sean potestades; todo fue creado por medio de él y para él. Y él es antes de todas las cosas, y todas las cosas en él subsisten; y él es la cabeza del cuerpo que es la iglesia, él que es el principio, el primogénito de entre los muertos, para que en todo tenga la preeminencia; por cuanto agradó al Padre que en él habitase toda plenitud, y por medio de él reconciliar consigo todas las cosas, así las que están en la tierra como las que están en los cielos, haciendo la paz mediante la sangre de su cruz. Y a vosotros también, que erais en otro tiempo extraños y enemigos en vuestra mente, haciendo malas obras, ahora os ha reconciliado en su cuerpo de carne, por medio de la muerte, para presentaros santos y sin mancha e irreprensibles delante de él; si en verdad permanecéis fundados y firmes en la fe, y sin moveros de la esperanza del evangelio que habéis oído, el cual se predica en toda la creación que está debajo del cielo; del cual yo Pablo fui hecho ministro".

Filipenses 2:5-11 "Haya, pues, en vosotros este sentir que hubo también en Cristo Jesús,

el cual, siendo en forma de Dios,
no estimó el ser igual a Dios como cosa a que aferrarse,

sino que se despojó a sí mismo,
tomando forma de siervo,
hecho semejante a los hombres;
y estando en la condición de hombre,
se humilló a sí mismo,
haciéndose obediente hasta la muerte,
y muerte de cruz.

Por lo cual Dios también le exaltó hasta lo sumo,
y le dio un nombre que es sobre todo nombre,
para que en el nombre de Jesús se doble toda rodilla
de los que están en los cielos, y en la tierra,
y debajo de la tierra; y toda lengua confiese que Jesucristo es el Señor,
para gloria de Dios Padre".

Hechos 10:34-43 "Entonces Pedro, abriendo la boca, dijo: 'En verdad comprendo que Dios no hace acepción de personas, sino que en toda nación se agrada del que le teme y hace justicia. Dios envió mensaje a los hijos de Israel, anunciando el evangelio de la paz por medio de Jesucristo; este es Señor de todos. Vosotros sabéis lo que se divulgó por toda Judea, comenzando desde Galilea, después del bautismo que predicó Juan: cómo Dios ungió con el Espíritu Santo y con poder a Jesús de Nazaret, y cómo este anduvo haciendo bienes y sanando a todos los oprimidos por el diablo, porque Dios estaba con él. Y nosotros somos testigos de todas las cosas que Jesús hizo en la tierra de Judea y en Jerusalén; a quien mataron colgándole en un madero. A este levantó Dios al tercer día, e hizo que se manifestase; no a todo el pueblo, sino a los testigos que Dios había ordenado de antemano, a nosotros que comimos y bebimos con él después que resucitó de los muertos. Y nos mandó que predicásemos al pueblo, y testificásemos que él es el que Dios ha puesto por Juez de vivos y muertos. De este dan testimonio todos los profetas, que todos los que en él creyeren, recibirán perdón de pecados por su nombre'".

Hechos 5:30-32 "El Dios de nuestros padres levantó a Jesús, a quien vosotros matasteis colgándole en un madero. A este, Dios ha exaltado con su diestra por Príncipe y Salvador, para dar a Israel arrepentimiento y perdón de pecados. Y nosotros somos testigos suyos de estas cosas, y también el Espíritu Santo, el cual ha dado Dios a los que le obedecen".

Hechos 2:22-24; 32-33 "Varones israelitas, oíd estas palabras: Jesús nazareno, varón aprobado por Dios entre vosotros con las maravillas, prodigios y señales que Dios hizo entre vosotros por medio de él, como vosotros mismos sabéis; a este, entregado por el determinado consejo y anticipado conocimiento de Dios, prendisteis y matasteis por manos de inicuos, crucificándole; al cual Dios levantó, sueltos los dolores de la muerte, por cuanto era imposible que fuese retenido por ella... A este Jesús resucitó Dios, de lo cual todos nosotros somos testigos. Así que, exaltado por la diestra de Dios, y habiendo recibido del Padre la promesa del Espíritu Santo, ha derramado esto que vosotros veis y oís".

Hebreos 1:1-3 "Dios, habiendo hablado muchas veces y de muchas maneras en otro tiempo a los padres por los profetas, en estos postreros días nos ha hablado por el Hijo, a quien constituyó heredero de todo, y por quien asimismo hizo el universo; el cual, siendo el resplandor de su gloria, y la imagen misma de su sustancia, y quien sustenta todas las cosas con la palabra de su poder, habiendo efectuado la purificación de nuestros pecados por medio de sí mismo, se sentó a la diestra de la Majestad en las alturas".

Otras Escrituras importantes:
Juan 1:1-5, 9-14; Isaías 53; Salmo 22; Hechos 8:30-35; Romanos 10:9-15; Hechos 13:26-39; Tito 2:11-14; Colosenses 1:13-14; 2 Corintios 5:17-21.

Lo más destacado de la comida para llevar

El evangelio de Jesucristo es la mejor noticia que alguien jamás escuchará, y lo que una persona haga con estas noticias determinará dónde pasará la eternidad. Dios te está llamando a elegir la vida. Invoca el nombre del Señor y sé salvo (Romanos 10:13).

Aplicación práctica

Si nunca has creído en el Evangelio, confesaste a Jesús como tu Salvador y Señor, te arrepentiste y has "nacido de nuevo", y te gustaría hacerlo ahora, por favor pasa a la página 61. Si tomaste esta decisión, ¡felicidades!

A partir de los pasajes de las Escrituras presentados anteriormente, escribe tu propio resumen sencillo de lo que es el Evangelio de Jesucristo. Piensa profundamente en este capítulo. Dedica algún tiempo a hablar con Dios el Padre sobre cómo ha cambiado tu vida desde que creíste y recibiste las "Buenas Nuevas". Pídele al Espíritu Santo que traiga a alguien que se cruce en tu camino y que necesite conocer a Jesús. Ore por personas específicas que conozca que aún no son creyentes para que lleguen al punto en que deseen una relación personal con Jesús.

Una falsa creencia prevalente es que hay varios caminos hacia Dios. No os engañéis, Jesús es el único camino a nuestro Creador, Dios Padre. Examinemos más esta verdad...

JESÚS ES EL ÚNICO CAMINO

No os dejéis engañar; Jesús es el único camino a Dios.

Cuando cuatro de los discípulos más cercanos de Jesús fueron a verlo en privado para preguntarle cuáles serían las señales de su segunda venida y del "fin del mundo", Jesús les advirtió varias veces que no se dejaran engañar. Ciertamente, incluso ahora estamos viendo que todas las señales se cumplen ante nuestros propios ojos, tal como Él lo predijo. Del mismo modo, ya estamos viendo señales del gran engaño.

Creemos que la mayor parte de este engaño es tratar de convencer al mundo de que hay más caminos hacia Dios y el Cielo que solo a través de Jesús. ESO ES MENTIRA. NO OS DEJÉIS ENGAÑAR. El único camino a Dios Padre es a través de la obra terminada de Jesucristo de Nazaret en la cruz y a través de Su resurrección.

Muchos están sugiriendo que Jesús es solo un camino al Cielo, no necesariamente el único. ¡Se ha reportado que esto ha venido incluso de unos pocos líderes influyentes dentro de los círculos "cristianos"! Es una herejía abrazar este punto de vista.

En esta era de humanismo secular donde la humanidad dice que ella determina su propio destino y futuro, no Dios, nosotros como cristianos somos susceptibles a sus intentos de convencer a todos de que la verdad es "relativa" a lo que está sucediendo en la sociedad, y por lo tanto cambia con los tiempos. Se nos insta a ser tolerantes con todos por cualquier razón. Nadie debe sentirse "ofendido". Se nos dice que todos deben ser "incluidos" y no "confrontados" de ninguna manera por nada.

Si bien es cierto que debemos tratar a aquellos que no están de acuerdo con nosotros con respeto, amabilidad y gentileza, debemos tener mucho cuidado de no comprometer a Quien sabemos que es la Verdad: el Hijo de Dios, Jesucristo.

Jesús deja muy claro que Él es el único camino, la única verdad y la única vida. Él nos asegura que nadie llega al Padre sino por Él (véase Juan 14:6).

Pedro predicó acerca de esta verdad acerca de Jesús en Hechos 4:12 cuando dijo: "En ningún otro se halla la salvación, porque no hay otro nombre bajo el cielo, dado a los hombres, en que podamos ser salvos". Isaías cita a Jehová, Dios Padre, en Isaías 43:11 diciendo: "Yo, yo mismo, soy el Señor, y fuera de mí no hay salvador".

En un devocional titulado, "Jesús: El Único Camino al Cielo", el Dr. Charles Stanley escribe:

"Aunque el mundo tiene muchas religiones, solo hay un camino al cielo. Jesús dice claramente que "nadie viene al Padre sino por mí" (Juan 14:6). Para enfatizar este punto, Él usó varias descripciones pintorescas, llamándose a sí mismo el Pan Vivo, la Puerta, el Buen Pastor y el Camino (Juan 6:51; 10:9-11; 14:6)".

El Dr. Stanley concluye su devocional con: "Las Escrituras declaran que solo hay un camino al Cielo: a través de la fe en Jesucristo. Su evangelio es un camino recto desde el abismo del pecado hasta la gloria del cielo, con la promesa de una vida abundante en medio. Lo que debemos hacer es pasar por la Puerta y seguir el Camino, entonces el Pan Vivo nos sostendrá".

El pastor Max Lucado escribió: "Mientras Jesús sea una de las muchas opciones y caminos al cielo, Él no es una opción en absoluto. Mientras puedas llevar tus propias cargas, no necesitas un portador de cargas. Mientras tu situación no te traiga dolor, no recibirás consuelo. Y, mientras puedas tomarlo o dejarlo, es mejor que lo dejes porque no será tomado a medias".

Le insto a que estudie cuidadosamente lo que Jesús reveló en Mateo 24, Marcos 13 y Lucas 21. Pablo nos da más información en 1 Tesalonicenses 4:13-5:11; 2 Tesalonicenses 2:1-17; 1 Timoteo 4:1-2; y 2 Timoteo 3:1-5. Lee las visiones del profeta Daniel en los capítulos 7, 11 y 12 de Daniel.

Por supuesto, Juan nos habla del fin de los tiempos en Apocalipsis. Después Al estudiar estos pasajes, estoy seguro de que estarán de acuerdo en que seguramente estos tiempos en los que estamos viviendo son "los últimos días".

Hermanos y hermanas, hay un sentido de urgencia en mí para implorarles que tengan cuidado de no ser engañados: Jesucristo de Nazaret es el único camino al Padre Celestial. Pídele al Padre un agudo discernimiento a través de Su Santo Espíritu para reconocer y evitar el gran engaño que se avecina.

Jesús regresará por su pueblo (Juan 14:1-3). Él viene rápidamente, en un instante de tiempo (Mateo 24:27). Jesús vendrá pronto, en cualquier momento (Apocalipsis 22:12-13). ¿Estás seguro de que estás listo (Mateo 24:42-44)?

Algunos pasajes relevantes de las Escrituras

Juan 14:6 "Jesús le dijo: 'Yo soy el camino, y la verdad, y la vida; nadie viene al Padre, sino por mí'".

Juan 11:25-26 "Le dijo Jesús: 'Yo soy la resurrección y la vida; el que cree en mí, aunque esté muerto, vivirá. 26 Y todo aquel que vive y cree en mí, no morirá eternamente. ¿Crees esto?'"

Hechos 4:12 "Y en ningún otro hay salvación; porque no hay otro nombre bajo el cielo, dado a los hombres, en que podamos ser salvos".

Juan 6:44 "Jesús dijo: 'Ninguno puede venir a mí, si el Padre que me envió no le trajere; y yo le resucitaré en el día postrero'".

Romanos 5:8-9 "Mas Dios muestra su amor para con nosotros, en que siendo aún pecadores, Cristo murió por nosotros. ¡Pues mucho más, estando ya justificados en su sangre, por él seremos salvos de la ira"!

Romanos 6:23 "Porque la paga del pecado es muerte, mas la dádiva de Dios es vida eterna en Cristo Jesús Señor nuestro".

Romanos 10:9-10 "Si declaras con tu boca: 'Jesús es el Señor', y crees en tu corazón que Dios le levantó de los muertos, serás guardado.

Porque es con vuestro corazón que creéis y sois justificados, y Es con tu boca que profesas tu fe y eres salvo".

Isaías 43:11 "Jehová dijo: 'Yo, yo Jehová, y fuera de mí no hay quien salve'".

Lo más destacado de la comida para llevar

"Mientras Jesús sea una de las muchas opciones y caminos al cielo, Él no es una opción en absoluto. Mientras puedas llevar tus propias cargas, no necesitas un portador de cargas. Mientras tu situación no te traiga dolor, no recibirás consuelo. Y, mientras puedas tomarlo o dejarlo, es mejor que lo dejes porque no será tomado a medias". Max Lucado

Aplicación práctica

Considere esto en oración: si Jesús no es el único camino, ¿por qué Dios el Padre lo haría pasar por posiblemente la forma más cruel de tortura y muerte jamás inventada? Si Él no es Quien dijo que era, Él es un mentiroso, o un maníaco o algo peor, y no sería digno de ningún tipo de seguimiento. Además, no sería "un buen maestro" ni "un profeta". Para obtener información sobre por qué Jesús es el único camino, consulte los escritos de Josh McDowell, *Más que un carpintero*, y el libro de Lee Strobel, *El caso de Cristo*.

Cuando una persona cree y recibe la salvación en Jesús como el Único Camino, el Padre y el Hijo envían a su Espíritu Santo a vivir en ellos para empoderarlos...

EMPODERAMIENTO DEL ESPÍRITU SANTO

La intimidad de la relación con el Padre y el Hijo solo está disponible a través de su Espíritu Santo. Puesto que el Espíritu Santo es su don para que cada creyente habite dentro de ellos diariamente, debemos aprender todo lo que podamos acerca de Aquel que es nuestro Ayudador, Maestro, Consejero, Amigo y Guía. El verdadero poder para caminar la vida cristiana en obediencia motivada por amor solo está disponible en y a través del Espíritu Santo.

El mismo poder que resucitó a Jesús de entre los muertos habita en ti. El poder del Padre en la Tierra es administrado solo a través de Su Espíritu Santo. El poder creador de Dios es el Espíritu Santo. El Espíritu del Padre, el Espíritu del Hijo, no solo está a tu alrededor, ¡Él vive en ti! ¡Qué misterio, "Cristo en ti, esperanza de gloria"! Véase Colosenses 1:27.

R.B. Thieme, III escribió: "El Espíritu Santo es el poder invisible de Dios, la Persona a través de la cual se transmite el poder divino".

Cuando todavía estaba encarcelado, vi a varios cristianos que fueron liberados antes que yo irse, solo para regresar a la prisión dentro de un año más o menos. También había oído hablar de otras personas que seguían a Jesús en la cárcel conmigo y que, después de ser liberadas, se apartaron de su relación con Jesucristo y regresaron al "mundo". No sé si regresaron a una prisión física, pero regresaron a sus prisiones emocionales y espirituales de las que una vez fueron liberados. Sé que la mayoría de ellos tenían toda la intención buena y honesta de seguir caminando con Él, pero muchos eran impotentes para resistir los viejos hábitos, lugares y personas.

Sin embargo, desde que fui liberado, conozco personalmente a muchos ex delincuentes que fueron transformados en prisión, y que todavía están caminando en Cristo muchos años después. Son soldados fuertes en el ejército de Dios. He visto a Dios obrando en la vida de sus familias. Los he visto continuar prosperando y experimentando la vida abundante de Jesús (Juan 10:10). Muchos tienen sus propios ministerios efectivos ahora. Las relaciones rotas han sido restauradas. Los corazones rotos han sido sanados.

¿Qué marca la diferencia en estos dos grupos de personas? ¿Qué marcó la diferencia para mí? Era claramente el "bautismo en el Espíritu Santo". Creo firmemente que el nivel adicional de empoderamiento que se produce al ser bautizado (sumergido) en el Espíritu Santo marca la diferencia en capacitarnos y empoderarnos para caminar nuestra fe de manera efectiva y genuina.

Cuando aceptamos la obra terminada de Jesús en la Cruz y confesamos Su resurrección como el Hijo de Dios, el Espíritu Santo viene a vivir en nosotros. Nosotros "poseemos" el Espíritu, y Él comienza Su obra continua de santificación para hacer que nuestro "nuevo hombre" se conforme a la imagen de Cristo. Sin embargo, el verdadero empoderamiento, el propio poder de Dios, llega a nosotros, y para nosotros, cuando nos sometemos totalmente al Espíritu Santo y le permitimos que nos "posea", un paso gigante más allá de que simplemente lo "poseamos" dentro de nosotros. ¡De hecho, somos capaces de permitir que Él nos "posea"!

Somos bautizados (sumergidos) en el agua como una representación externa del cambio interno en nosotros. Somos sepultados con Cristo en el bautismo (nuestro "viejo hombre" murió); Y somos criados para caminar en novedad de vida (nuestro "hombre nuevo" cobró vida). Pero el libro de los Hechos deja claro que también debemos desear ser bautizados (sumergidos) en el Espíritu Santo para recibir el mismo poder que resucitó a Jesús de entre los muertos: el poder de llevar esta nueva vida de la manera que Él desea para nosotros. ¡Él en nosotros, y nosotros en Él!

Conocemos el versículo que dice: "Mayor es el que está en mí que el que está en el mundo" (1 Juan 4:4). Entonces, el Espíritu Santo está en nosotros. Lo poseemos. Pero otro versículo que conocemos es: "Todo lo puedo en Cristo que me fortalece" (Filipenses 4:13). Ese versículo también se traduce como: "Todo lo puedo en Cristo que me da poder en mi interior". Es el Espíritu Santo el que nos da poder en nuestro interior para que podamos hacer todo lo que el Padre desea que hagamos, ¡y nos asigna hacer! Pero debemos dejar que Él lo haga. Debemos dejar que Él nos posea.

Cuando Jesús terminó Su obra en la tierra y regresó al Padre, el Padre envió el Espíritu Santo a la tierra por cada uno de nosotros. A los seguidores de Jesús en ese momento se les instruyó que esperaran hasta que fueran revestidos con poder de lo Alto antes de comenzar a llevar a cabo el ministerio de Jesús. Debemos hacer lo mismo, es decir, debemos buscar el poder del Espíritu Santo antes de movernos entre la gente en el nombre de Jesús. Necesitamos el poder del Espíritu Santo. Dentro de nuestras propias fuerzas, nos agotaremos rápidamente, no seremos efectivos e incluso podemos hacer daño a Su Reino.

Sobre todo, debemos recordar que el Espíritu Santo es una persona, tiene una personalidad y puede ser afligido. Su propósito al venir era enseñar, liderar, guiar, corregir, proteger y consolar... el Consolador que caminaría a nuestro lado y habitaría dentro de nosotros. Sin embargo, debemos rendirnos a Él y permitirle que haga Su obra en nosotros. Si lo rechazamos, nos resistimos a Él o lo entristecemos, restringiremos la obra que el Padre quiere que Él haga en nuestras vidas. ¡Él es un regalo del Padre, y lo necesitamos!

Damos gracias al Padre por sus dones. Él no solo nos dio a Su Hijo, Jesús, sino que nos dio Su Espíritu Santo. ¡Qué Padre tan maravilloso es Él! Cuando pienso en ello, me doy cuenta de lo crédulos que somos para creer en la mentira del enemigo, la mentira de que el Espíritu Santo no es para hoy, que no lo necesitamos. En todo caso, la verdad es que lo necesitamos aún más porque estamos viviendo en el último de los últimos días cuando las Escrituras nos dicen que muchos serán engañados. El Espíritu Santo puede ayudarnos a no ser engañados si dejamos que Él nos guíe y reconocemos que lo "hospedamos" como la misma Presencia de Dios en nosotros. Lo necesitamos. Lo necesitamos en Su plenitud.

Hermanos y hermanas en Cristo, pronto vendrán tiempos difíciles en los que seremos probados. Tenemos una obra que Él nos ha asignado hacer. Con nuestras propias fuerzas le fallaremos, pero por Su poder dentro de nosotros, obrando a través de nosotros, Su Espíritu Santo, podemos resistir e incluso sobresalir. Debemos mantenernos firmes hasta el final. Debemos estar en guardia. Lea atentamente lo que Jesús enseña en Marcos 13:9-13:

"Pero ustedes cuídense. Los entregarán a los tribunales y los azotarán en las sinagogas. Por mi causa comparecerán ante gobernadores y reyes para dar testimonio ante ellos. Pero primero tendrá que predicarse el evangelio a todas las naciones. Y cuando los arresten, no se preocupen de antemano por lo que van a decir. Solo declaren lo que se les dé a decir en ese momento, porque no serán ustedes los que hablen, sino el Espíritu Santo. El hermano entregará a la muerte al hermano, y el padre al hijo. Los hijos se rebelarán contra sus padres y harán que los maten. 13 Por causa de mi nombre todo el mundo los odiará, pero el que se mantenga firme hasta el fin será salvo".

No solo sobreviviremos, sino que prosperaremos si tenemos el poder y el discernimiento del Espíritu Santo. Porque Jesús dijo: "Pero tengan en cuenta que no hay por qué preparar una defensa de antemano, pues yo mismo les daré tal elocuencia y sabiduría para responder que ningún adversario podrá resistirles ni contradecirles." (Lucas 21:14-15). ¡Te insto a que aprendas todo lo posible sobre tu Ayudante!

Algunos pasajes relevantes de las Escrituras

Juan 14:16-17 "Jesús dijo: 'Yo rogaré al Padre, y os dará otro Consolador, para que esté con vosotros para siempre: el Espíritu de verdad, al cual el mundo no puede recibir, porque no le ve, ni le conoce; pero vosotros le conocéis, porque mora con vosotros, y estará en vosotros'".

Hechos 1:8 "Jesús dijo: 'pero recibiréis poder, cuando haya venido sobre vosotros el Espíritu Santo, y me seréis testigos en Jerusalén, en toda Judea, en Samaria, y hasta lo último de la tierra'".

Efesios 3:20-21 "Y a Aquel que es poderoso para hacer todas las cosas mucho más abundantemente de lo que pedimos o entendemos, según el poder que actúa en nosotros, a él sea gloria en la iglesia en Cristo Jesús por todas las edades, por los siglos de los siglos. Amén".

Colosenses 1:27-29 "...a quienes Dios quiso dar a conocer las riquezas de la gloria de este misterio entre los gentiles; que es Cristo en vosotros, la esperanza de gloria, a quien anunciamos, amonestando a todo hombre, y enseñando a todo hombre en toda sabiduría, a fin de presentar perfecto en Cristo Jesús a todo hombre; 29 para lo cual también trabajo, luchando según la potencia de él, la cual actúa poderosamente en mí".

II Tesalonicenses 1:11-12 "Por lo cual asimismo oramos siempre por vosotros, para que nuestro Dios os tenga por dignos de su llamamiento, y cumpla todo propósito de bondad y toda obra de fe con su poder, 12 para que el nombre de nuestro Señor Jesucristo sea glorificado en vosotros, y vosotros en él, por la gracia de nuestro Dios y del Señor Jesucristo".

Filipenses 2:11-13 "... y toda lengua confiese que Jesucristo es el Señor, para gloria de Dios Padre. Por tanto, amados míos, como siempre habéis obedecido, no como en mi presencia solamente, sino mucho más ahora en mi ausencia, ocupaos en vuestra salvación con temor y temblor, porque Dios es el que en vosotros produce así el querer como el hacer, por su buena voluntad".

Gálatas 2:20 "Con Cristo estoy juntamente crucificado, y ya no vivo yo, mas vive Cristo en mí; y lo que ahora vivo en la carne, lo vivo en la fe del Hijo de Dios, el cual me amó y se entregó a sí mismo por mí".

Juan 20:21-22 "Entonces Jesús les dijo otra vez: Paz a vosotros. Como me envió el Padre, así también yo os envío. Y habiendo dicho esto, sopló, y les dijo: Recibid el Espíritu Santo".

Hechos 1:4-5 "Y estando juntos, les mandó que no se fueran de Jerusalén, sino que esperasen la promesa del Padre, la cual, les dijo, oísteis de mí. 5 Porque Juan ciertamente bautizó con agua, mas vosotros seréis bautizados con el Espíritu Santo dentro de no muchos días".

Lo más destacado de la comida para llevar

La intimidad de la relación con el Padre y el Hijo solo está disponible a través de su Espíritu Santo. Puesto que el Espíritu Santo es su don para que cada creyente habite dentro de ellos diariamente, debemos aprender todo lo que podamos acerca de Aquel que es nuestro Ayudador, Maestro, Consejero, Amigo y Guía. El verdadero poder para caminar la vida cristiana en obediencia motivada por amor solo está disponible en y a través del Espíritu Santo.

Aplicación práctica

¿Has recibido el Bautismo del Espíritu Santo? Si desea, sí le pides a Jesús que te bautice con fuego y poder, por favor mira la página 63.

¡Tómate unos minutos para considerar y apreciar realmente el regalo que el Padre y el Hijo te han dado! Pídele al Padre que te ayude a aprender a rendirte más completamente, diariamente, al poder y liderazgo del Espíritu Santo.

Para ser guiados por el Espíritu Santo, debemos aprender a rendirnos diariamente a Él y someternos a Su liderazgo, para que ya no seamos guiados regularmente por el mundo, la carne y el diablo. ¿Cómo se ve esto? Sigue leyendo...

RENDICIÓN Y SUMISIÓN

Una relación personal íntima con Jesús no solo requiere que nos rindamos y nos arrepintamos cuando el Espíritu Santo nos llama a recibir a Jesús como Salvador, sino que debemos someternos voluntariamente a Jesús como Señor de nuestras vidas. Tenemos que llegar a un punto en el que finalmente nos demos cuenta de que no podemos salvarnos a nosotros mismos y rendirnos al Único que puede.

Si se lo permitimos, el liderazgo del Espíritu Santo a diario nos enseña a hacer de Jesús el Señor de nuestras vidas y nos permite someternos a Su plan para nuestras vidas. Debemos permitirle que nos vuelva a convertir en la persona que Él siempre ha planeado que seamos. A medida que nos sometemos a Él diariamente, Él nos mostrará la plenitud de la vida abundante que Jesús vino a darnos (Juan 10:10).

La mejor imagen de la sumisión es la de la arcilla en las manos de un alfarero. El alfarero transforma la arcilla de un puñado informe de barro feo en un exquisito objeto de bellas artes. El alfarero está totalmente a cargo de la transformación, y el producto final está determinado en gran parte por su paciencia y habilidad. Como seguidores de Jesús, ¡podemos estar seguros de que tenemos al Maestro Alfarero!

En Isaías 64:8 leemos: "Ahora pues, Jehová, tú eres nuestro Padre. nosotros barro, y tú el que nos formaste; así que obra de tus manos somos todos nosotros". Esto se ilustra en Jeremías 18:1-6: "Esta es la palabra que vino a Jeremías de parte del Señor: 'Levántate y baja ahora mismo a la casa del alfarero y allí te comunicaré mi mensaje'. Entonces bajé a la casa del alfarero y lo encontré trabajando en el torno. Pero la vasija que estaba modelando se deshizo en sus manos; así que volvió a hacer otra vasija, hasta que le pareció que había quedado bien.

En ese momento la palabra del Señor vino a mí y me dijo: 'Pueblo de Israel, ¿acaso no puedo hacer con ustedes lo mismo que hace este alfarero con el barro?' afirma el Señor. 'Ustedes, pueblo de Israel, son en mis manos como el barro en las manos del alfarero'".

Pablo escribe sobre la necesidad de que permitamos que Dios nos moldee como mejor le parezca y aceptemos el resultado, sabiendo que en Su sabiduría Él nos moldea para Su propósito. Romanos 9:20-21 dice: "Respondo: ¿Quién eres tú para pedirle cuentas a Dios? Acaso le dirá la olla de barro al que la modeló: '¿Por qué me hiciste así?' ¿No tiene derecho el alfarero de hacer del mismo barro unas vasijas para usos especiales y otras para fines ordinarios?"

A veces, Dios permite que circunstancias extremas, como la prisión u otras dificultades de la vida, llamen nuestra atención. A menudo, estos pueden ser consecuencia de malas decisiones tomadas por nosotros mismos o por otros, pero es mejor verlos como oportunidades para un cambio positivo. Para ser transformado, un trozo de arcilla debe estar blando para que ceda. Debemos someternos a Dios consciente y voluntariamente.

Independientemente de lo mal que hayamos hecho de nuestras vidas, y de lo lejos que hayamos huido de Dios, nunca estamos tan quebrantados o tan perdidos que Dios no pueda encontrarnos, aceptar con gozo nuestro regreso a Él (Lucas 15:32), hacernos una nueva creación (II Corintios 5:17) y establecer Su plan para nuestras vidas (Jer. 29:11-14a). Sin embargo, debemos ser humildes con gratitud, sumisos en oración y fielmente obedientes. Con humildad debemos reconocer que no podemos rehacernos a nosotros mismos y estar agradecidos de que Él sí puede. En sumisión, debemos ponernos en Sus manos con oración y permitir pacientemente que Él nos forme y nos someta al fuego endurecedor de las pruebas y las circunstancias. Debemos ser siempre fieles en obediencia para seguir Su voluntad, formandonos en su imagen. (Romanos 8:29).

El pastor Adrian Rogers dijo: "Su temor de Dios no debe ser que Él lo hará, que ponga su mano sobre ti- pero que él se la quitará".

En un artículo titulado "Las manos del alfarero", el Dr. David Jeremiah escribió: "A veces pensamos que somos inutilizables, irredimibles. Hemos hecho algo por lo que sentimos vergüenza y culpa, y pensamos que Dios ya no puede hacer mucho con nosotros. Nuestros problemas son ocasionalmente de nuestra propia creación, y nuestro dolor surge de nuestra propia estupidez. Si estás bajo algún tipo de presión en este momento, visualiza las manos hábiles del divino Alfarero usándolo para el bien de tu vida. Puedes confiar en Sus dedos diestros y expertos para no dañarte, sino para ayudarte... Dios puede tomar nuestros pecados y vergüenza y convertirlos en un diseño que lo glorifique a Él".

El Dr. James MacDonald en su artículo, "El torno de alfarero", nos pide que "Imagínense un torno de alfarero. El alfarero hace girar el torniquete y da forma a un montículo de arcilla en un jarrón, una taza o un plato. Al aplicar la presión adecuada de sus manos, convierte la arcilla en una obra de arte. Ahora imagina tu vida en esa rueda. La mano de Dios tiene un propósito, la presión es la cantidad correcta en los lugares correctos. ¿A veces es doloroso? Casi siempre. ¿Quieres resistirte al proceso? Naturalmente que lo haces. Pero, ¿confiarás en que Él traerá un buen resultado si te sometes a Él?"

Como ex convicto, puedo identificarme con el término "rendición". Sin embargo, en este caso nos rendimos completamente al Señorío de Jesús, y a las manos del Alfarero para nuestro beneficio, de hecho, para nuestra libertad en lugar de nuestro cautiverio o encarcelamiento. En un artículo titulado "Razones para rendirse", el Dr. Charles Stanley escribe: "Rendirse a Él significa seguir Su camino en actitud, palabras, pensamientos y hechos, y hacerlo sin disculpas, sin vacilación y sin miedo".

La entrega completa y la sumisión voluntaria son claves para la obediencia motivada por el amor que conduce a una relación personal íntima con Jesús. ¿Te has rendido verdaderamente a las Manos de nuestro Alfarero?

Algunos pasajes relevantes de las Escrituras

Juan 10:10 "Jesús dijo:'El ladrón no viene sino para hurtar y matar y destruir; yo he venido para que tengan vida, y para que la tengan en abundancia'".

Romanos 8:28-29 "Y sabemos que a los que aman a Dios, todas las cosas les ayudan a bien, esto es, a los que conforme a su propósito son llamados. Porque a los que antes conoció, también los predestinó para que fuesen hechos conformes a la imagen de su Hijo, para que él sea el primogénito entre muchos hermanos".

Jeremías 29:11-14 "Porque yo sé los pensamientos que tengo acerca de vosotros, dice Jehová, pensamientos de paz, y no de mal, para daros el fin que esperáis. Entonces me invocaréis, y vendréis y oraréis a mí, y yo os oiré; y me buscaréis y me hallaréis, porque me buscaréis de todo vuestro corazón. Y seré hallado por vosotros, dice Jehová, y haré volver vuestra cautividad, y os reuniré de todas las naciones y de todos los lugares adonde os arrojé, dice Jehová; y os haré volver al lugar de donde os hice llevar".

Romanos 9:20-21 "Mas antes, oh hombre, ¿quién eres tú, para que alterques con Dios? ¿Dirá el vaso de barro al que lo formó: Por qué me has hecho así? ¿O no tiene potestad el alfarero sobre el barro, para hacer de la misma masa un vaso para honra y otro para deshonra?"

Isaías 64:8 "Ahora pues, Jehová, tú eres nuestro padre; nosotros barro, y tú el que nos formaste; así que obra de tus manos somos todos nosotros".

Jeremías 18:1-6 "Palabra de Jehová que vino a Jeremías, diciendo: Levántate y vete a casa del alfarero, y allí te haré oír mis palabras. Y descendí a casa del alfarero, y he aquí que él trabajaba sobre la rueda. Y la vasija de barro que él hacía se echó a perder en su mano; y volvió y la hizo otra vasija, según le pareció mejor hacerla. Entonces vino a mí palabra de Jehová, diciendo: ¿No podré yo hacer de vosotros como este alfarero, oh casa de Israel? dice Jehová. He aquí que como el barro en la mano del alfarero, así sois vosotros en mi mano, oh casa de Israel".

Lo más destacado de la comida para llevar

La entrega completa y la sumisión voluntaria son claves para la obediencia motivada por el amor que conduce a una relación personal íntima con Jesús.

Aplicación práctica

Dedica algún tiempo a pensar en el hecho de que nuestro Padre Dios ya ve con el ojo de Su mente lo que quiere hacer de ti. Él ya conoce el plan pleno, perfecto y completo que desea para ti. En serio deja que Él haga Su camino completamente, ¿o te contendrás tú? Dile que confías en Él lo suficiente como para ser paciente durante la progresión de Su obra creativa en ti. La intimidad de tu relación está directamente relacionada con cuánto te rindes y te sometes voluntariamente.

Una relación íntima con Jesús comienza en el momento en que nos arrepentimos, nos rendimos, creemos en el Evangelio y nacemos de nuevo. La prueba de nuestro amor por Él se revela en nuestra obediencia...

PRINCIPIOS DE OBEDIENCIA

Cuanto más creamos y recibamos el amor de Dios por nosotros, más nos motivará ese amor a ser obedientes. Una de nuestras queridas ministras de prisiones y amiga cercana, Carol Breeden, se graduó al Cielo en 2020. Aquí hay algo que ella escribió sobre la obediencia que parece especialmente relevante para nuestro objetivo de buscar una relación íntima y personal con Jesús:

"Puede que este no sea tu tema favorito; sin embargo, he descubierto que cuanto más camino en obediencia a Su Palabra, más pacífica es mi vida. Hubo un tiempo en mi vida cuando leía Su Palabra, pero no la entendía. Muchas veces, cuando tomaba decisiones diarias, esas decisiones iban en contra de Su Palabra y ni siquiera era consciente de mi desobediencia. Eso es muy desagradable para Dios. No solo Dios estaba disgustado, sino que sufrí las consecuencias de mis decisiones equivocadas, sin siquiera entender lo que estaba sucediendo. Eso, amigo mío, es como mirarme en un espejo a mí misma, y luego apartarme y olvidar cómo me veía.

"Por lo tanto, es importante que estudiemos Su Palabra, y es importante que la entendamos. ¿Cómo podemos ser un 'hacedor' de Su Palabra si no entendemos lo que significa Su Palabra? Dios tiene un hermoso plan para cada uno de nosotros, y comparte en Su Palabra lo que espera de nosotros. Cuanto más comprendo Su plan, más agradecido me vuelvo. Y cuanto más agradecida me vuelvo, más lo amo. Y cuanto más lo amo, más quiero caminar en obediencia.

"Nuestro Padre celestial nos ama. Él no quiere que sigamos una lista de "lo que se debe y lo que no se debe hacer" por miedo a lo que sucederá si no lo hacemos. Él quiere que lo amemos a cambio. Y porque lo amamos, caminamos en obediencia a Su Palabra. Si tienes hijos, ¿te gustaría que te tuvieran miedo? ¿Te gustaría que te obedecieran por miedo? No, creo que querrías que te obedecieran porque te aman y se dan cuenta de que estás velando por sus mejores intereses, que estás tomando decisiones en su nombre en función de lo que crees que es mejor para ellos. Eso es lo que nuestro Padre ha hecho, ¿sabes? Él ha puesto en marcha principios para nuestra protección. Cuando obedezcamos esos principios, ¡nos irá bien en el alma!

"Dios no quiere que nos limitemos a amarlo a Él. Quiere amor genuino. A veces podemos fingir con nuestros "amigos" que nos preocupamos por ellos solo para poder obtener de ellos lo que queremos. Pero esa no es una relación amorosa, y pronto se agriará. Del mismo modo, tu Padre celestial sabe lo que hay en tu corazón. ¿Sabes lo que hay en tu corazón? ¿Realmente lo amas? Jesús dijo: "Si me amáis, guardad mis mandamientos". La obediencia es mejor que el sacrificio".

Al pensar en esta frase, "mejor es la obediencia que el sacrificio" (véase 1 Samuel 15:22), se me ocurre recalcar que los rituales religiosos creados por el hombre no son eficaces. Lo que honra a Dios es un corazón que está decidido a obedecerle, y que se arrepiente rápidamente cuando nos equivocamos en la rebelión.

Las bendiciones siguen a la obediencia

Cuando salí de prisión, el fundador de Freedom in Jesus Ministries, Don Castleberry, comenzó a asesorarme sobre nuestro viaje cristiano - un viaje que conduce a la presencia misma de Dios. Podemos experimentar Su Presencia en esta vida. No tenemos que morir primero. Pero en el proceso, Dios nunca nos hace avanzar más allá de nuestro último acto de desobediencia. Piense en esto: lo mejor de Él para nosotros está al otro lado de nuestra obediencia.

A.W. Tozer, en *Experimentando la Presencia de Dios*, escribió: "¿Qué es más importante para un cristiano, creer u obedecer? Para el gorrión que vuela por el aire, ambas alas son igualmente importantes. Con uno solo es imposible volar. Así que debemos creer en la Palabra de Dios y obedecerla. Por estas dos alas, el hombre se elevará a Dios en fe y humilde obediencia al Señor mismo... muy pocos cristianos están dispuestos a acompañar a Dios hasta el final. Van parte del camino y luego improvisan. Siguen al Señor hasta que las cosas se ven un poco pegajosas y entonces dicen: 'Bueno, no sirve de nada que se radicalice al respecto y sea un fanático. Creo que puedo razonar esto por mí mismo'. ... El resultado es, por supuesto, tibieza, que Dios vomitará de su boca".

David Wilkerson escribió: "No importa quién seas, si albergas un pecado secreto, experimentarás perturbaciones continuas en tu vida, tu hogar, tu familia, tu trabajo. La confusión, la preocupación y los temores reemplazarán tu paz y tu fuerza".

Recuerdo momentos en el pasado en los que necesitaba que Dios hiciera algo, y pensé que estaba esperando en Él. ¡Supe, sin embargo, que Él me estaba esperando! ¿Esperando qué? Primero quería que le obedeciera en cierta área de mi vida que había estado reteniendo egoístamente. Una vez que le entregué esa área a Él, Sus bendiciones fueron liberadas y experimenté más de Su Presencia cada día.

En un devocional, "100 Días de Oración por un Hombre Justo", leí: "¿Estás listo, dispuesto, capaz y ansioso por recibir las bendiciones de Dios? Entonces obedécele a Él. ¡Y puedes estar seguro de que cuando haces tu parte, Él hará su parte!"

Pídele al Espíritu Santo que te muestre cualquier área en la que actualmente no eres obediente. Luego entrégalos completamente a Dios. ¡Sus bendiciones te están esperando!

"Solo el que cree es obediente, y solo el que es obediente cree". Dietrich Bonhoeffer

Algunos pasajes relevantes de las Escrituras

Miqueas 6:8 "Oh hombre, él te ha declarado lo que es bueno, y qué pide Jehová de ti: solamente hacer justicia, y amar misericordia, y humillarte ante tu Dios".

Josué 22:5 "Solamente que con diligencia cuidéis de cumplir el mandamiento y la ley que Moisés siervo de Jehová os ordenó: que améis a Jehová vuestro Dios, y andéis en todos sus caminos; que guardéis sus mandamientos, y le sigáis a él, y le sirváis de todo vuestro corazón y de toda vuestra alma".

Juan 14:23 "Respondió Jesús y le dijo: 'El que me ama, mi palabra guardará; y mi Padre le amará, y vendremos a él, y haremos morada con él.'"

I Juan 5:2-4 "En esto conocemos que amamos a los hijos de Dios, cuando amamos a Dios, y guardamos sus mandamientos. Pues este es el amor a Dios, que guardemos sus mandamientos; y sus mandamientos no son gravosos. Porque todo lo que es nacido de Dios vence al mundo; y esta es la victoria que ha vencido al mundo, nuestra fe".

Proverbios 13:13 "El que menosprecia el precepto perecerá por ello; Mas el que teme el mandamiento será recompensado".

I Juan 2:17 "Y el mundo pasa, y sus deseos; pero el que hace la voluntad de Dios permanece para siempre".

Deuteronomio 26:16-19 "Jehová tu Dios te manda hoy que cumplas estos estatutos y decretos; cuida, pues, de ponerlos por obra con todo tu corazón y con toda tu alma. Has declarado solemnemente hoy que Jehová es tu Dios, y que andarás en sus caminos, y guardarás sus estatutos, sus mandamientos y sus decretos, y que escucharás su voz. Y Jehová ha declarado hoy que tú eres pueblo suyo, de su exclusiva posesión, como te lo ha prometido, para que guardes todos sus mandamientos; a fin de exaltarte sobre todas las naciones que hizo, para loor y fama y gloria, y para que seas un pueblo santo a Jehová tu Dios, como él ha dicho".

Juan 15:14 "Jesús dijo: 'Vosotros sois mis amigos, si hacéis lo que yo os mando.'"

Juan 14:15 "Jesús dijo: 'Si me amáis, guardad mis mandamientos.'"

I Juan 3:24 "Y el que guarda sus mandamientos, permanece en Dios, y Dios en él. Y en esto sabemos que él permanece en nosotros, por el Espíritu que nos ha dado".

I Juan 2:3-4 "Y en esto sabemos que nosotros le conocemos, si guardamos sus mandamientos. El que dice: Yo le conozco, y no guarda sus mandamientos, el tal es mentiroso, y la verdad no está en él".

I Juan 5:2-3 "En esto conocemos que amamos a los hijos de Dios, cuando amamos a Dios, y guardamos sus mandamientos. 3 Pues este es el amor a Dios, que guardemos sus mandamientos; y sus mandamientos no son gravosos".

Tito 1:16 "Profesan conocer a Dios, pero con los hechos lo niegan, siendo abominables y rebeldes, reprobados en cuanto a toda buena obra".

Deuteronomio 28:1-14 "Acontecerá que si oyeres atentamente la voz de Jehová tu Dios, para guardar y poner por obra todos sus mandamientos que yo te prescribo hoy, también Jehová tu Dios te exaltará sobre todas las naciones de la tierra. Y vendrán sobre ti todas estas bendiciones, y te alcanzarán, si oyeres la voz de Jehová tu Dios. Bendito serás tú en la ciudad, y bendito tú en el campo. Bendito el fruto de tu vientre, el fruto de tu tierra, el fruto de tus bestias, la cría de tus vacas y los rebaños de tus ovejas. Benditas serán tu canasta y tu artesa de amasar. Bendito serás en tu entrar, y bendito en tu salir. Jehová derrotará a tus enemigos que se levantaren contra ti; por un camino saldrán contra ti, y por siete caminos huirán de delante de ti. Jehová te enviará su bendición sobre tus graneros, y sobre todo aquello en que pusieres tu mano; y te bendecirá en la tierra que Jehová tu Dios te da. Te confirmará Jehová por pueblo santo suyo, como te lo ha jurado, cuando guardares los mandamientos de Jehová tu Dios, y anduvieres en sus caminos. Y verán todos los pueblos de la tierra que el nombre de Jehová es invocado sobre ti, y te temerán. Y te hará Jehová sobreabundar en bienes, en el fruto de tu vientre, en el fruto de tu bestia, y en el fruto de tu tierra, en el país que Jehová juró a tus padres que te había de dar. Te abrirá Jehová su buen tesoro, el cielo, para enviar la lluvia a tu tierra en su tiempo, y para bendecir toda obra de tus manos. Y prestarás a muchas naciones, y tú no pedirás prestado. Te pondrá Jehová por cabeza, y no por cola; y estarás encima solamente, y no estarás debajo, si obedecieres los mandamientos de Jehová tu Dios, que yo te ordeno hoy, para que los guardes y cumplas, y si no te apartares de todas las palabras que yo te mando hoy, ni a diestra ni a siniestra, para ir tras dioses ajenos y servirles".

Lo más destacado de la comida para llevar

A.W. Tozer, en Experimentando la Presencia de Dios, escribió: "¿Qué es más importante para un cristiano, creer u obedecer? Para el gorrión que vuela por el aire, ambas alas son igualmente importantes. Con uno solo es imposible volar. Así que debemos creer en la Palabra de Dios y obedecerla. Por estas dos alas, el hombre se elevará a Dios en fe y humilde obediencia al Señor mismo".

Aplicación práctica

Considera, con espíritu de oración, cualquier área de tu vida en la que no estés siendo obediente. Pídele al Espíritu Santo que te las traiga a la mente. Él no lo hará para condenarte (Romanos 8:1), sino para convencerte suavemente de justicia (Juan 16:8-11). ¿En tu camino cristiano te sientes atascado, incapaz de avanzar? Las áreas de desobediencia traídas a tu mente por el Espíritu Santo pueden ser tus obstáculos. Dios quiere que te enfrentes a ellos, te rindas por completo y sigas adelante. Confía en Él.

Pregunta final

Después de considerar toda la información presentada en este folleto, ¿ha nacido usted de nuevo?

Si no es así, o si no estás seguro, habla con Dios sobre tu deseo y voluntad de comprometerte con Él. Él nunca te obligará a servirle o a buscarlo.

Los siguientes pasos dependen de ti...

ILUSTRACIÓN DE TRANSFORMACIÓN

El "Hombre Viejo"

Seis meses antes de la cárcel (2007)

Stephen Canup

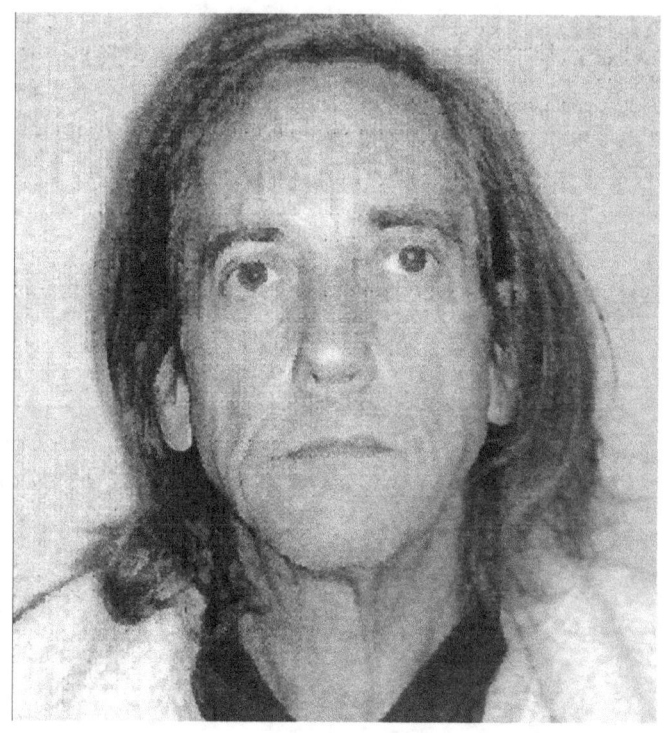

Culpable y condenado a muerte por el pecado

Romanos 6:23

"Porque la paga del pecado es muerte...

CULPABLE DE ESTOS PECADOS CONTRA DIOS, LOS DEMÁS Y CONTRA UNO MISMO:

Adicciones a las drogas, al alcohol, al sexo,
a la pornografía, a los hombres, al trabajo

Orgullo	Juicio	Robo
Preocuparse	Odio a mi mismo	Adulterio
Miedo	Resentimiento	Identidad sexual
Depresión	Arrepentimiento	Confusión
Desesperanza	Enojo	Mentiroso
Ansiedad	Codicia	Presunción
Profanidad	Depravación	Intelectualismo
Fornicación	Reprobación	Humanismo
Deseos lujuriosos	Falta de perdón	Vergüenza
Perversión	Inmoralidad	Remordimiento
Idolatría	Autoabuso	Culpa
Egoísmo	Amargura	Ofensa

LA VIDA PECAMINOSA Y MALDITA QUE ESTABA VIVIENDO ANTES DE LA CÁRCEL RESULTÓ EN QUE:

- Sin hogar, viviendo en las calles de Nashville, Tennessee, durante 3 años antes de ir a prisión.
- Desempleado durante 7 años antes del encarcelamiento.
- Se arruinó después de haberse declarado en bancarrota dos veces.
- Desamparado con todas mis posesiones terrenales contenidas en 1 bolsa de ropa colgada en la habitación de la propiedad de la prisión, esperando el día de mi liberación.
- Desolada por haber abandonado a toda mi familia y amigos, dejándome solo y completamente abandonado.
- Deprimido tan profundamente por estas condiciones de vida que había intentado suicidarme varias veces.
- Desesperanzado y absolutamente convencido de que nada cambiaría o mejoraría de ninguna manera.

El "Hombre Nuevo"

Un año después de la cárcel (2012)

Stephen Canup

Un Hombre Libre – Vivo en Cristo

... mas la dádiva de Dios es vida eterna en Cristo Jesús Señor nuestro". Romanos 6:23

"Con Cristo estoy juntamente crucificado, y ya no vivo yo, mas vive Cristo en mí; y lo que ahora vivo en la carne, lo vivo en la fe del Hijo de Dios, el cual me amó y se entregó a sí mismo por mí". (Gálatas 2:20)

"Por lo tanto, si alguno está en Cristo, es una nueva creación. ¡Lo viejo ha pasado, ha llegado ya lo nuevo!"
(II Corintios 5:17)

"Así que, si el Hijo os libertare, seréis verdaderamente libres".
(Juan 8:36)

La nueva vida en Cristo que comenzó en la cárcel en 2009 ha traído muchas bendiciones. A principios de 2024, algunas de estas realidades de vida abundante incluyen:

- ¡¡Mi renacimiento espiritual 20 de abril de 2009!!
- Relaciones restauradas con cada miembro de la familia.
- Un mentor y compañero de responsabilidad, Don Castleberry, que dice la verdad con amor.
- Aceptación en lugar de rechazo.
- Alegría y esperanza en lugar de depresión y desesperanza.
- Propósito y pasión por ayudar a liberar a los demás.
- Paz, audacia y confianza en lugar de ansiedad y miedo.
- La justicia de Cristo Jesús en lugar de perversión y depravación.
- Amor y compasión por los demás en lugar de egoísmo y Odio hacia uno mismo.
- Libre de adicciones al alcohol, las drogas, la pornografía, el tabaquismo y el juego.
- Una lengua de bendiciones y respeto en lugar de orgullo, crítica y blasfemias.
- Una hermosa casa de tres habitaciones, dos baños que se ofrece sin alquiler, excepto por los servicios públicos.

- Se me han proporcionado tres vehículos de último modelo de forma gratuita, en excelentes condiciones, con bajo kilometraje.
- Una casa llena de buenos muebles, y un armario lleno de buena ropa.
- Libre de deudas, con también algo de dinero en ahorros.
- Una mente renovada y libre de todos los malos efectos de las adicciones y depresión.
- Buena salud.
- Cristianos maduros, puedo llamar para orar o pedir consejo en cualquier momento sobre cualquier cosa.
- Licenciado y ordenado en 2012 como ministro del Evangelio de Jesucristo.
- Presidente de los Ministerios de la Libertad en la Cárcel de Jesús.
- Autor de ocho libros para animar al cuerpo de Cristo detrás alambre de púas.

TOMA ACCIÓN

PUEDES TENER "LA COSA REAL"

"La Cosa Real" no tiene nada que ver con la religión.

Más bien, es una relación personal íntima con nuestro Padre Celestial, debido a la obra terminada de Jesús en la Cruz. El Espíritu Santo viene y nos sella como suyos, y comienza una obra continua en nosotros para conformarnos a la imagen de Cristo Jesús.

Puedes comenzar esta vida emocionante y abundante hoy. Continuará por toda la eternidad.

Primero, reconoce y confiesa que has pecado contra Dios.

En segundo lugar, renuncia a tus pecados, determina que no vas a volver a ellos.

Tercero, por fe recibe a Cristo en tu corazón. Entrega tu vida completamente a Él. Él vendrá a vivir en tu corazón por el Espíritu Santo.

Puedes hacerlo ahora mismo.

Empieza simplemente hablando con Dios. Puedes hacer una oración como esta:

"Oh Dios, soy un pecador. Lamento mi pecado. Quiero apartarme de mi pecado. Perdóname, por favor. Creo que Jesucristo es Tu Hijo; Creo que Él murió en la Cruz por mi pecado y Tú lo resucitaste a la vida. Quiero confiar en Él como mi Salvador y seguirlo como mi Señor desde este día en adelante, para siempre. Señor Jesús, en Ti pongo mi confianza y te entrego mi vida. Por favor, entra en mi vida y lléname con tu Espíritu Santo. En el Nombre de Jesús. Amén".

Si acabas de decir esta oración, y lo dices con todo tu corazón, creemos que acabas de ser salvo y ahora has nacido de nuevo en Cristo Jesús como una persona totalmente nueva.

"Por tanto, si alguno está en Cristo, nueva criatura es; ¡Lo viejo se ha ido, lo nuevo ha llegado!"

¡Les instamos a que vayan "con todo y con todo por el Todo en Todo"! (Pastor Mark Batterson, All In)

Le sugerimos que siga al Señor en el bautismo en agua lo antes posible. El bautismo en agua es un símbolo externo del cambio interno que sigue a su salvación y renacimiento.

La gracia de Dios mismo te da el deseo y la capacidad de rendirte completamente a la obra del Espíritu Santo en y a través de ti (Filipenses 2:13).

El Bautismo en el Espíritu Santo es Su poder para ti.

PUEDES RECIBIR
EL BAUTISMO EN EL ESPÍRITU SANTO

El Bautismo en el Espíritu Santo es una experiencia separada y un Santo privilegio concedido a aquellos que lo piden. Este es el propio poder de Dios para permitirte vivir una vida abundante y vencedora. La Biblia dice que es el mismo poder que resucitó a Jesús de entre los muertos.

¿Le has pedido al Padre que Jesús te bautice (te sumerja) en el Espíritu Santo (Lucas 3:16)? Si le pides al Padre, Él te lo dará (Lucas 11:13). ¿Has permitido que los "ríos de agua viva" fluyan desde tu interior (Juan 7:38-39)? Nuestro Padre desea que caminemos en toda Su plenitud por Su Espíritu Santo.

El poder de testificar y vivir tu vida de la manera en que Jesús lo hizo en una relación íntima con el Padre, proviene de pedirle a Jesús que te bautice en el Espíritu Santo. Para recibir este bautismo, ora de la siguiente manera:

Abba Padre y mi Señor Jesús,

Gracias por darme tu Espíritu para que viva dentro de mí. Soy salvo por gracia a través de la fe en Jesús. Te pido ahora que me bautices en el Espíritu Santo con Tu fuego y poder. Lo recibo completamente a través de la fe, tal como lo hice con mi salvación. ¡Ahora, Espíritu Santo, ven y levántate dentro de mí mientras alabo a Dios! ¡Lléname Jesús! Espero recibir mi lenguaje de oración a medida que Tú me das la expresión. En el Nombre de Jesús. Amén.

Ahora, en voz alta, comiencen a alabar y glorificar a JESÚS, ¡porque Él es el bautizador del Espíritu Santo! Desde lo profundo de tu espíritu, dile: "Te amo, te agradezco, te alabo, Jesús".

Repite esto mientras sientes que la alegría y el agradecimiento brotan de lo más profundo de ti. Di las palabras y sílabas que recibes, no en las tuyas sino el lenguaje que te ha dado el Espíritu Santo. Permite que esta alegría salga de ti en sílabas de un idioma que tu propia mente no conoce. Ese será tu lenguaje de oración que el Espíritu usará a través de ti cuando no sepas cómo orar (Romanos 8:26-28). No es el "don de lenguas" para uso público, por lo tanto, no requiere una interpretación pública.

Tienes que usar tu propia voz. El Espíritu Santo es un caballero. Él no te obligará a hablar. No te preocupes por cómo suena. ¡Es un idioma celestial!

¡Adóralo! ¡Alabado sea! ¡Usa tu lenguaje celestial orando en el Espíritu todos los días! Pablo nos insta a "orando en todo tiempo con toda oración y súplica en el Espíritu, y velando en ello con toda perseverancia y súplica por todos los santos". (Efesios 6:18.)

Su lenguaje celestial de lenguas para la oración podría no llegar de inmediato. Es sólo una evidencia del Bautismo en el Espíritu Santo. Algunos otros son: el hambre de la Palabra de Dios; una sed de justicia; un deseo de santificación y una entrega diaria a la guía del Espíritu Santo.

Acércate a Dios todos los días. Él se acercará a ti (Santiago 4:8).

BAUTISMO EN AGUA

Después de recibir la obra terminada de Jesús en la Cruz y "nacer de nuevo", querrás comprometerte con Jesús como el Señor de tu vida. Ordenó a sus discípulos que bautizaran a los nuevos seguidores.

"Y Jesús se acercó y les habló diciendo: 'Toda potestad me es dada en el cielo y en la tierra. 19 Por tanto, id, y haced discípulos a todas las naciones, bautizándolos en el nombre del Padre, y del Hijo, y del Espíritu Santo; 20 enseñándoles que guarden todas las cosas que os he mandado; y he aquí yo estoy con vosotros todos los días, hasta el fin del mundo'" (Mateo 28:18-20).

El Señor manda a todos los creyentes que se bauticen como un medio para identificarse con Él. El bautismo es para los salvos, el acto en sí mismo no nos salva. Más bien, es el primer acto público de obediencia hecho por un nuevo cristiano. El bautismo en agua es nuestra manera de hacer una declaración visible y pública de que hemos decidido apartarnos de nuestro estilo de vida anterior y obedecer la Palabra de Dios.

El bautismo no es una opción para los creyentes del Nuevo Testamento. Es el primer paso que podemos dar para mostrar nuestra lealtad al Señor. Representa nuestra identificación con la muerte, sepultura y resurrección del Señor Jesús. Es nuestro medio de identificarnos con Su propósito y demostrar a los demás que estamos entregando nuestra vida a la guía del Hijo. También nos identifica con otros creyentes que son el cuerpo de Cristo.

El bautismo por inmersión en agua también es una imagen de lo que nos ha sucedido : hemos muerto a una antigua forma de vida y hemos sido resucitados para vivir una nueva vida. Dice a todos los que observan: "He renunciado a todo mi ser, he muerto a mí mismo, y ahora estoy vivo, viviendo mi vida para Jesucristo. ¡Me identifico con Él! No me avergüenzo de Él. ¡Me he sentido abrumado Completamente por Él!" Verás, por unos segundos mientras estás bajo el agua, estás como si estuvieras muerto, luego eres resucitado vivo para caminar en la novedad de Jesucristo. Es una imagen de la regeneración que ya ha tenido lugar en tu alma (Romanos 6:3-5).

La persona verdaderamente salvada y bautizada muestra por su nueva vida que su vieja naturaleza, su naturaleza humana, ha sido puesta en el lugar de la muerte. El bautismo es una ceremonia externa que es inútil a menos que la vieja naturaleza sea considerada como muerta y se le permita vivir a la nueva vida (II Corintios 5:17).

Le animamos a que se bauticen lo antes posible. Pregúntele a su Párroco o Capellán cuando sea el próximo Servicio de Bautismo.

¡¡TE RETO!!

Dios es capaz de transformar tu vida de la misma manera que lo hizo con la mía. Entender y recibir el amor de Dios es clave; y es necesaria la obediencia voluntaria.

Pero debes entender que Él recompensa a aquellos que diligente y fervientemente lo buscan (Hebreos 11:6); y que usted es transformado al renovar su mente a través de la aplicación de los principios de Su Palabra a su vida diaria (Romanos 12:1-2).

Te reto a:

Comienza cada día con la Palabra y el Espíritu. Pídele al Espíritu Santo que te ayude a aplicar Su Verdad a tu vida. Deja que el Espíritu use la Palabra para transformarte.

Busca todas las referencias de las Escrituras en este libro. Marque los versículos en su propia Biblia. Memoriza los que más significan para ti.

Estudie los principios de las Escrituras de este libro en grupos pequeños. Compartir conceptos de la Palabra con otras personas te ayuda a aprender y aplicarlos a tu vida.

Muestre este libro a otras personas. Como embajador de Cristo (ver 2 Corintios 5:18-20), por favor use este libro como una herramienta para alcanzar a los perdidos y animar al Cuerpo de Creyentes.

Por favor, oren diariamente por nosotros y por nuestro ministerio. Necesitamos sus oraciones.

Pida a sus seres queridos que visiten nuestro sitio web del ministerio en www.fijm.org.

Pueden aprender más sobre los libros de Stephen Canup en www.stephencanup.com.

¿Quieres ayudarnos a seguir proporcionando libros como estos de forma gratuita a los presos? En su primera oportunidad, comience un programa de ofrendas regulares para que podamos ministrar mejor a otros que desean ser libres de toda forma de esclavitud. Ex presos ayudando a presos es de lo que se trata.

¡Oramos para que sean bendecidos abundantemente por nuestro Padre todos los días, en todos los sentidos, en Cristo Jesús mientras lo buscan diariamente en y por el Espíritu Santo!

MI CAMINO PERSONAL DE FE

MI CAMINO PERSONAL DE FE

_____

_____

_____

_____

_____

_____

_____

_____

_____

_____

_____

_____

_____

_____

_____

_____

_____

_____

MI CAMINO PERSONAL DE FE

MI CAMINO PERSONAL DE FE

MI CAMINO PERSONAL DE FE

MI CAMINO PERSONAL DE FE

_____

_____

_____

_____

_____

_____

_____

_____

_____

_____

_____

_____

_____

_____

_____

_____

_____

_____

www.ingramcontent.com/pod-product-compliance
Lightning Source LLC
Chambersburg PA
CBHW060349130626
46553CB00003B/1146